はじめての
ひとり暮らし
完全ガイド

ひとり暮らしが決まったら

ひとり暮らしをすることになったあなた。
これから始まる新たな生活を前に、期待と不安でいっぱいのことでしょう。
ひとり暮らしは、自由で開放感にあふれています。
その一方で、いろいろなことをひとりでこなさなくてはならなくなり、
自分にかかる責任は大きくなります。

まず最初に乗り越えなくてはならないのは、部屋探しです。
どこに住む？　どんな部屋を選べばよい？
部屋を契約するときに気をつけなくてはならないことは何？
はじめての部屋探しや引越しは、わからないことだらけです。

いざ新しい生活を始めたら、
食事のつくり方、洗濯や掃除の方法、お金の管理など、
新たな疑問やとまどいも出てくることでしょう。

この本では、そんなひとり暮らしの不安を取り除き、
新生活をより快適に楽しくするためのコツを紹介しています。
ひとり暮らしが決まったら、部屋探しから新生活まで、
さまざまなシーンでこの本を役立ててください。

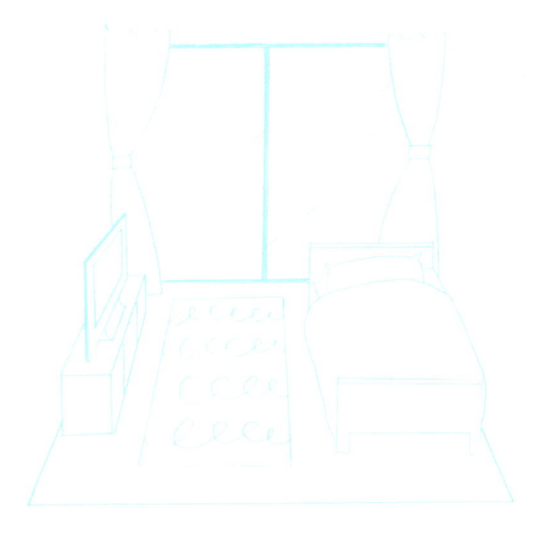

Contents

第3章 65 ひとり暮らしの家事［料理編］

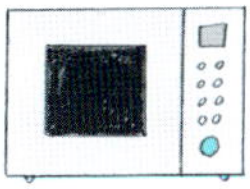

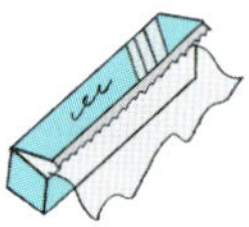

第4章

第5章

第6章

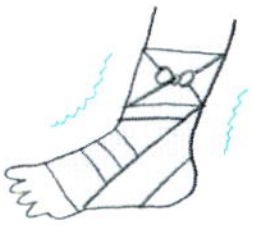

あなたに合うのは、こんな部屋！

ひとり暮らしを始めよう！と決心したのはいいけれど、自分に合うのは、いったいどんな部屋？
ちょっと迷ってしまうなら、まずはテストに挑戦。部屋探し&新生活のヒントを探してみましょう。

テスト 1

ひとり暮らしの部屋に求めているものは？

自分に当てはまるものをすべてチェック。
A～Dのうち、チェックがいちばん多かったものがあなたのタイプです。
チェックが同数のものが2つ以上あるときは、そのすべてのタイプに当てはまります。

A

□せまいところがきらい
□テレビのサイズは絶対に20インチ以上
□すっきりしたインテリアが好き
□安くてせまい部屋より、少し高くても広い部屋に住みたい
□ダイニングセット、本棚、食器棚、ソファのうち、2つ以上部屋に置きたい
□ゆったりくつろげる場所がほしい
□今の自分の部屋は8畳以上

□徒歩15分以上かかるときは、タクシーに乗りたい
□休日も外出することが多い
□通勤・通学に40分以上かけたくない
□コンビニまで徒歩3分以内のところに住みたい
□夜遅く帰ることが多い
□飲んだ後、タクシーで帰ることがある
□にぎやかな街が好き

B

C

□お風呂とトイレは別がいい
□食事は自分でつくりたい
□洗濯ものは絶対に外に干したい
□作りつけの収納がほしい
□アパートよりマンションがいい
□オートロックの部屋がいい
□少し家賃が高くても新しめの部屋がいい

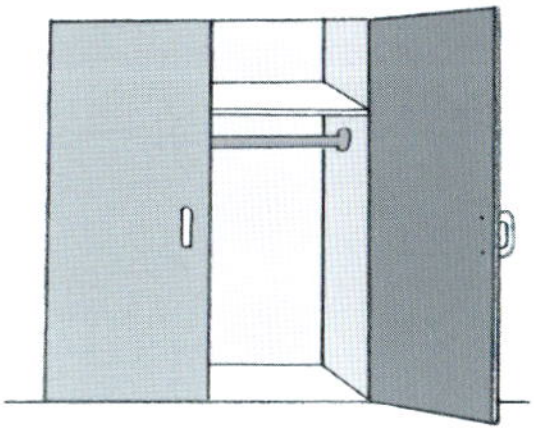

D

□隣にどんな人が住んでいるのか、とても気になる
□うるさい部屋はイヤ
□日当たりのよい部屋に住みたい
□窓は2か所以上にほしい
□ベランダや窓辺でグリーンを育てたい
□駅から少し遠くても、落ち着いて暮らせる部屋がいい
□1階には住みたくない

A	□	個
B	□	個
C	□	個
D	□	個

←チェックの数を確認したら、次ページへ。

テスト 2

ひとり暮らしに関するあなたの弱点は?

自分に当てはまるものをすべてチェック。
a～dのうち、チェックがいちばん多かったものがあなたのタイプです。
チェックが同数のものが2つ以上あるときは、そのすべてのタイプに当てはまります。

a

□友だちと食事をするとき、メニューがなかなか決まらない
□たくさんの人を仕切るのは苦手
□どちらかというと、物事のよい面を見る性格だ
□朝、髪型が決まらなくて遅刻しそうになることがある
□焼肉とステーキのどちらが食べたいか、とっさに答えられない
□ひとり暮らしの部屋では、いろいろなインテリアを楽しみたい
□人が着ている服や持っているものが欲しくなることがよくある

b

□調べものがきらい
□休日は家でのんびりしていたい
□知らない人と話すのが苦手
□すぐにひとり暮らしをしなければならない理由はない
□家具などの買いものをするのが面倒
□ひとり暮らしを始めるときの、電気・ガス・水道などの手続きのしかたがわからない
□ひとりで不動産会社に行くのが、少し不安

c

□自宅で料理をしたことがほとんどない
□自分の部屋の掃除を親にしてもらっていた
□食事の後、洗いものをするのは1週間に1回以下
□シャツにうまくアイロンをかけられない
□今住んでいるところの、燃えないごみの収集日を知らない
□1か月の生活費がどのぐらいかかるのか、想像もつかない
□ほうれん草は水からゆでるのか、お湯からゆでるのかわからない

d

□同じ年の友だちにくらべて、給料が安いと思う
□預貯金は50万円未満
□家具や家電などを人からもらえる予定がない
□何に使ったか覚えていないようなムダづかいをしてしまう
□よく衝動買いをする
□友だちや後輩に食事やお酒をおごることがある
□今、自分のお財布にいくら入っているかわからない

a	□	個
b	□	個
c	□	個
d	□	個

←チェックの数を確認したら、次ページへ。

タイプ診断

テスト1の結果（A～D）とテスト2の結果（a～d）の組み合わせから、あなたのタイプと対策を診断します。

テスト2

ひとり暮らしに関するあなたの弱点は？

a が多かった人

いざとなると優柔不断かも

あれもいいけど、これもいい……。迷い始めると答えが出せなくなっちゃう。

b が多かった人

部屋探しが何だか面倒

ひとり暮らしはしたいけど、正直、部屋探しがおっくうなんだよね～。

c が多かった人

実は家事に自信がない

今まで、家事は家族まかせ。ひとり暮らしを始めれば、何とかなる!?

d が多かった人

お金のことがちょっと心配

経済感覚やお財布のヒモがゆるめ。ちゃんとやっていけるかな？

タイプ別・対策

A－a
迷ったときは、とにかく広さ優先。あれもこれもと欲張らないで。

A－b
情報誌やインターネットで下調べを。まずは情報をたくさん集めよう。

A－c
ちらかっていては、広い部屋もだいなし。今から掃除の習慣を身につけて。

A－d
都心から離れたところや、駅から遠めの物件にしぼって探してみては。

B－a
通勤・通学か、遊びか。自分が大切にしたいのはどちらか、考えてみて。

B－b
ひとりで動くのが面倒なら、友だちに部屋探しに付き合ってもらっては？

B－c
家事をラクにするため、キッチンなどは充実していない部屋を選んでも。

B－d
立地を優先するなら、少しせまい部屋や古めの物件にも目を向けて。

C－a
キッチン、浴室、収納。いちばん重視したいのはどれか、考えておこう。

C－b
通勤に便利なところなど、最初に場所を決めてから部屋探しを始めても。

C－c
掃除が苦手なら、大きめのクローゼットがある部屋を選ぶとよいかも。

C－d
立地や広さには目をつぶり、築浅のワンルームをねらっては。

D－a
内見のときは、意見を言ってくれる友だちに同行してもらうのがおすすめ。

D－b
とくに急がなくてもよいのなら、じっくり時間をかけて部屋探しを。

D－c
すっきり暮らすため、必要以上にものを持たない生活を心がけよう。

D－d
思い切って郊外へ。環境のよいところでのんびり生活してみても。

テスト1

ひとり暮らしの部屋に求めているものは？

A が多かった人

広さ

せっかくのひとり暮らしだから、せまくてゴチャゴチャした部屋はイヤ！

B が多かった人

便利さ

フットワークが軽くて、お出かけ大好き。だから不便なところはちょっと……。

C が多かった人

充実した設備

家にいる時間も大切だから、便利で快適な暮らしが理想。

D が多かった人

心地よい環境

家にいるのが大好きだから、気分よく過ごせる部屋じゃなくちゃね。

第1章 部屋探しと引越し

部屋探しと引越しは、ひとり暮らしの最初の“難関”です。
住む街、部屋の間取りやタイプ、まわりの環境……。
ここでの選択が、これから始まる新生活を決めるのです。
トラブルなく自分の理想どおりの街や部屋を見つけるために、
部屋探しのポイントを押さえておきましょう。

条件を決める

**漠然と「よい部屋」を探すのは難しいもの。
まずは住みたい部屋の条件を具体的に考えてみましょう。**

希望する条件を考え 優先順位をつけよう

部屋探しは、「どんな部屋に住みたいのか」を考えることからスタートします。「かわいい部屋」「住み心地のよい部屋」などボンヤリと思い描くのではなく、まずは立地、間取り、家賃などの希望条件を具体的にあげて、ノートに書き出してみましょう。

住みたい部屋のイメージがかたまったら、優先順位をつけていきます。これは、いざというときに「譲れないこと」と「ガマンできること」を決めておくためです。自分の理想通りの部屋を探すのは、難しいもの。条件がよい部屋ほど家賃も高いので、収入とのバランスを考えて家賃以外の面でちょっとガマンしなければならないことも多いのです。

実際に部屋を見るまでわからないこともありますが、自分の考えをまとめておくことが大切です。

希望条件はどうまとめる?

「絶対に必要なこと」を決め、そのほかのことは、どのぐらいまでならガマンできるかを考えよう。

条件	優先順位	
家賃	1	70000円以下。高くても75000円まで。
駅からの距離	2	徒歩10分以内。
室内の内装	3	洋室でフローリング。和室はぜったいイヤ。
日当たり	4	南向きの部屋。無理なら東向き。 暗くてじめじめしている部屋はNG。
最寄り駅	5	○○駅〜△△駅までの間で急行が止まる駅がベスト。 無理なら快速が止まる駅でも。
洗濯物が干せるベランダ	6	洗濯物を外干しできるベランダがあること。 どうしても無理ならなくてもよい。

押さえておきたい条件は?

交通、建物の内外の条件、まわりの環境など細かいところまで具体的に考えよう。

1 最寄り駅

特定の駅に絞り込むより、「○○線沿線の□□駅から△△駅の間」のように幅を持たせておくとよい。急行が止まる、複数の路線が乗り入れているなど、便利な駅ほど家賃が高い。

2 駅からの距離

電車で通勤・通学する場合、徒歩15分ぐらいまでを目安にするとよい。

3 建物の新しさ

新しい物件ほど、外装も内装もきれいな場合が多い。ただし、古くても、内部が住みやすくリフォームされている物件もある。

4 建物の構造

マンションのほうが防音効果が高く、オートロックなどの設備も充実していることが多い。アパートよりマンションのほうが家賃が高め。

5 部屋の広さ

広さは「㎡」で表されることが多く、約1.62㎡=1畳。単身者用のワンルームや1Kの物件は20㎡前後のものが一般的。

6 日当たり

いちばん日当たりがよいのが南向きの部屋。東向きは午前中、西向きは午後に日が入る。北向きは、あまり日が入らない。

7 周囲の環境

幹線道路や線路沿いは、空気の汚れや騒音が気になることも。コンビニエンスストアが近くにあると便利。

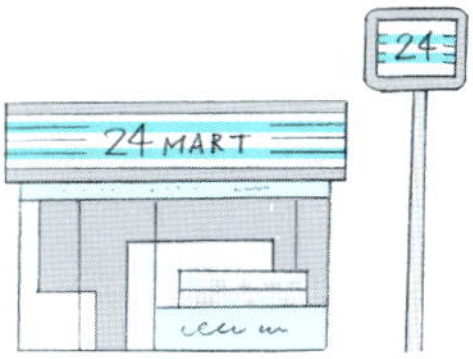

8 バス・トイレ

バスとトイレは、独立している場合と一緒になっている場合がある。お風呂タイムを大切にしたいなら独立タイプがおすすめ。シャワーで十分、という人はトイレと一緒のタイプでもよいかも。

9 室内の内装・設備

大きく分けると、和室と洋室の2種類。洋室の場合、床はフローリングのほか、クッションフロアや、じゅうたんが敷きこんである場合もある。

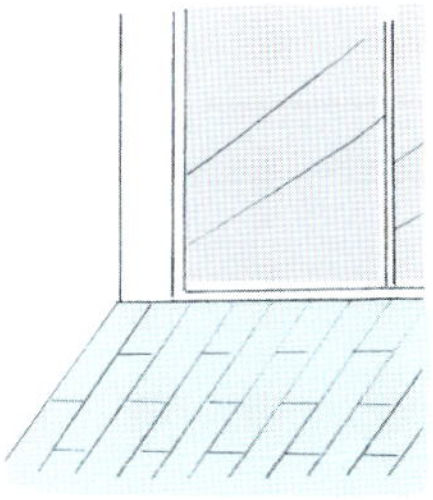

10 家賃

家賃と管理費を月々支払うスタイルが一般的。管理費との合計額が月収の3分の1以下になるようにしておくのが基本。

11 その他

収納、ベランダ、エアコン、デジタル放送用のアンテナ、インターネットやケーブルテレビの回線、駐輪場・駐車場などの有無、階数、キッチンの設備、洗濯機置き場の場所、ペットが飼えるかどうかなど。

情報を集める

部屋探しは、予習が大切。不動産会社へ行く前に
物件の情報をしっかり調べておきましょう。

不動産会社に行く前にリサーチをしよう

住みたい部屋のイメージがだいたいかたまったら、不動産会社を訪ねる前に、賃貸物件のリサーチをしておきましょう。いきなり不動産会社に行くと、担当者の話を聞くうちに「こんなものかな」と妥協してしまったり、反対に条件にこだわりすぎてなかなか決められなかったりすることがあります。よりよい部屋を探すためには、事前にしっかり情報を集めてさまざまな物件を見くらべ、現実的な家賃の相場や一般的な間取りなどを頭に入れておくことが大切です。

まずはインターネットや雑誌でチェック

情報集めには、インターネットや賃貸住宅情報誌を利用するのが便利です。たくさんの情報が見やすくまとめられているので、いろいろな物件をあれこれ見くらべながら、条件に合う部屋を探すことができます。

ただし、どちらの場合も、情報が紹介されているからその物件が残っているとは限りません。インターネットのサイトも雑誌も、情報を掲載するためにはある程度の制作期間が必要。その間にも、不動産会社を訪ねれば同じ物件の情報を見ることができるわけです。そのため、サイトや雑誌に情報が公開される前に契約ずみになってしまう物件もあります。

自分が気になる物件はほかの人にも気になる!?

賃貸の部屋探しは、基本的に「早い者勝ち」です。条件がよい物件は人気が集まり、競争率も高いもの。気になる物件を見つけたら、早めに不動産会社に連絡を入れ、空き状況を確認しましょう。連絡を入れた時点で部屋が空いていれば、不動産会社に足を運び、くわしい話を聞いたり内見をしたりすることができます。

不動産情報サイトで指定できる条件の例

- □沿線&駅
- □家賃
- □間取りのタイプ
- □建物の構造
- □駅やバス停から徒歩でかかる時間
- □専有面積
- □築年数
- □設備
  - バス・トイレ別
  - フローリング
  - エアコン
  - ベランダ・バルコニー
  - オートロック
  - 室内洗濯機置き場
  - システムキッチン
  - ガスコンロ
  - BSアンテナ　など
- □その他
  - ペット可
  - 駐車場
  - 2階以上
  - 南向き
  - 周辺施設（コンビニ、病院など）

情報集めの方法は？

手軽に情報を見たいなら雑誌やインターネットが便利。住みたい街が決まっている人は不動産会社のチラシもチェック。

賃貸住宅情報誌

書店で売っているもののほか、地域によっては賃貸物件を集めたフリーペーパーなどが配られていることがある。

○
- 地域の情報が充実している。
  街の様子の紹介　地域の不動産会社の紹介
  引越しの手順や手続き　生活関連の読みもの記事　など
- 沿線や駅別に情報がまとめられていることが多い。
  通勤、通学のルートなどに合わせて探しやすい

×
- 条件などによる検索ができないので、物件情報を見るのに時間がかかる。
- 地域版にわかれているものの場合、引越し先が遠いと対象地域の情報がのっているものが手に入りにくいことがある。

インターネット

不動産情報を紹介するサイトなら、いつでもどこからでも部屋探しが可能。条件に合う物件を検索できるのも便利。

○
- 自分の条件に合う物件を検索することができる。
- 部屋のくわしい情報を、メールで不動産会社に問い合わせることができる。
- 雑誌にくらべて情報が新しいことが多い。

×
- プリンターなどがないと、物件の情報を手元に残せない。

不動産会社チラシ

不動産会社では、外から見えるところに物件のチラシを貼っている。最初は中に入らず、いくつかの会社のチラシを見くらべるとよい。

○
- 気になる物件を見つけたら、すぐにくわしい話を聞ける。
- 最新の情報を見ることができる。
- 住みたい地域の様子がよくわかる。

×
- 住みたい地域へ足を運ばなければならないので時間がかかる。
- 雑誌やインターネットにくらべ、見られる情報の量が少ない。

不動産会社を選ぶ

初めて不動産会社へ行くときは、だれでもドキドキするもの。
自分に合う不動産会社って、どんなところ？

大手不動産会社は情報量の多さが魅力

インターネットや雑誌でよい物件を見つけたら、その物件を管理する不動産会社に連絡を入れて訪問します。

不動産会社は規模も雰囲気もさまざまですが、大きく分けると2タイプあります。ひとつめが、たくさんの支店を持つ大手の会社。大きな企業が母体になっていることが多く、情報量が多いのが特徴です。情報管理も行き届いているため、物件探しもスムーズ。店内の雰囲気も明るく、接客態度もきちんとしていることが多いようです。

地域密着型なら掘り出し物件があるかも

ふたつめは、地域密着型の小規模な会社。地元の家主さんとのおつきあいが長く、情報量は少なくてもよい物件を持っていることがあります。雰囲気や接客態度は会社によってばらつきがありますが、大手にくらべて家賃などの交渉はしやすくなります。

自分と相性のよい不動産会社を探そう

よい部屋に出会うためには、いくつかの不動産会社を回ってみるのがおすすめです。不動産会社の多くは他社と物件情報のやりとりをしているため、条件によっては、出てくる物件があまりかわらないこともあるかもしれません。でも、部屋探しには不動産会社や担当者との相性も大切。物件探しをしながら、相手の対応をきちんとチェックしましょう。

こちらの条件をよく聞いてくれるか、すすめ方が強引ではないか、契約を急がせるようなことを言わないか……。不動産会社とのおつきあいは部屋探しのときだけでなく、部屋を退去するまで続きます。不愉快な思いやトラブルを避けるためにも、信頼できる会社を選びましょう。

こんな不動産会社&担当者は要注意！

- こちらの話をきちんと聞かない
- 物件の情報を十分に出してこない
- 特定の物件ばかりすすめてくる
- すすめ方が強引
- 契約を急がせる
- 物件をすすめる理由があいまい

など

おすすめの不動産会社は?

自分に当てはまるものをチェックしましょう。

A

- □ 住みたい地域が絞り込めていない
- □ 条件などで迷っていることがあり、相談しながら部屋探しをしたい
- □ できるだけ多くの情報を見て選びたい
- □ いろいろな不動産会社を回るのが面倒
- □ 小さい不動産会社に行くのが不安
- □ 明るくさわやかな感じの接客が好き

B

- □ 住みたい地域がはっきり決まっている
- □ 歩き回るのがイヤではない
- □「これは掘り出しもの!」という部屋を見つけたい
- □ 少しぐらい無愛想にされてもへこまない
- □ 自分の条件をはっきり伝えられる
- □ 家賃や設備など、できれば家主さんと交渉したいことがある

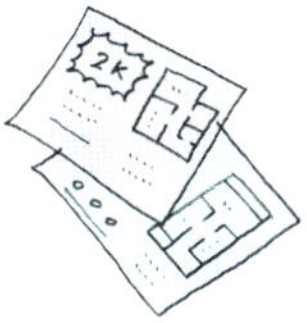

Aにチェックが多かった人

大手の不動産会社がおすすめ。でも、いくつかの会社を回ってなれてきたら、地域密着型の会社ものぞいてみて! もしかしたらよい部屋との出会いがあるかも。

Bにチェックが多かった人

地域密着型の不動産会社がおすすめ。ただし、大きな会社にくらべて1社あたりの情報量はかなり少なめ。大手の不動産会社にも足を運び、情報チェックを!

不動産会社へ行く

下調べをすませたら、いざ、不動産会社へ！
その前に、鏡の前で服装や髪型、メイクをチェックして。

物件を多く見たいなら 春先がおすすめ

1年でもっとも多くの物件が出回るのが、1～3月頃。企業の人事異動や学生の入学・進学などのために引越す人が多くなるからです。多くの物件を見て決めたい人にとっては、ベストシーズンといえるでしょう。でも注意したいのは、空き物件と同じぐらい、新しい部屋を探している人も多いということ。普段以上にスピード勝負になり、よい物件はすぐに借り手が決まってしまいます。また、不動産会社も混み合うので、家賃などの交渉もしづらくなります。

夏に探すなら じっくりあせらずに

落ち着いてじっくり部屋探しができる人には、引越しのオフシーズンである6～8月頃がおすすめ。1～3月にくらべて家賃の相場が下がり、不動産会社もじっくり対応してくれます。ただし、物件の数は少なめなので、よい部屋を見つけるまでに少し時間がかかることもあります。

訪問するときは きちんとした服装で

不動産会社はアポイントなしで訪問してOK。でも目当ての物件が決まっている場合は、事前に電話を入れて予約をしておくとスムーズです。

店内に入り、部屋を探していること（予約をしている場合は自分の名前や担当者名など）を伝えると、カウンターに案内されます。次に、名前や連絡先、希望条件などをアンケート用紙に記入。その他の具体的な希望を担当者に伝えると、条件に合いそうな物件の資料を見せてもらうことができます。

不動産会社に行くときには、信頼感を与えるためにも、きちんとした服装を心がけ、言葉づかいにも気をつけましょう。

ひとり暮らしの小ネタ

家主さん側に条件があることも

家主さんには、入居者を選ぶ権利があります。そのため、「会社員限定」「できれば女性希望」など、家主さん側が条件をつけていることも。これはリッパな家主さんの権利。条件に合わない場合はその部屋にこだわらず、別の部屋を探しましょう。

不動産会社訪問の○と×

「信頼できる客」だとわかってもらうためには、第一印象が大切！　服装や態度に気を配ろう。

○

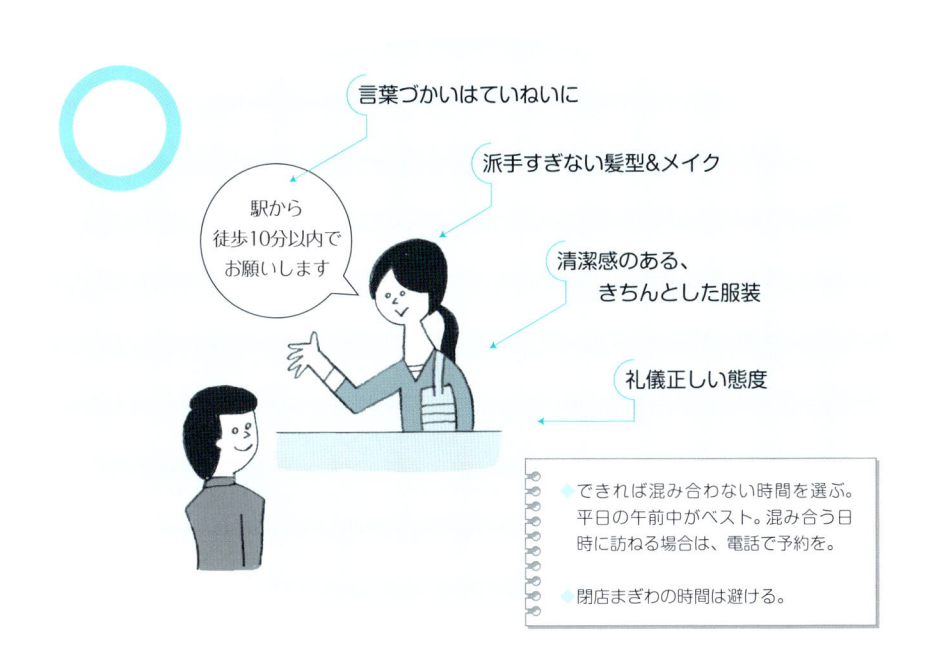

言葉づかいはていねいに
派手すぎない髪型&メイク
清潔感のある、きちんとした服装
礼儀正しい態度
駅から徒歩10分以内でお願いします

- できれば混み合わない時間を選ぶ。平日の午前中がベスト。混み合う日時に訪ねる場合は、電話で予約を。
- 閉店まぎわの時間は避ける。

×

言葉づかいが悪い
髪型やメイクが派手
だらしない服装
態度が悪い
和室はイヤってゆーか、フローリングがいいんだよねー

- 混み合う時間にアポなしで訪問。
- 閉店まぎわに来て、しつこくねばる。

物件チラシの見方

賃貸物件のチラシには、間取りや各種の条件が書かれています。基本的な見方を知り、部屋の情報を正しく読みとりましょう。

チラシの情報をもとに候補物件を選ぼう

不動産会社では、まず物件の情報をまとめたチラシから、自分の希望に近いものを選びます。担当者が条件に合うものを絞り込んでくれる場合もありますが、大量のチラシを見くらべて自分で選ぶスタイルの会社もあります。不動産会社のチラシは、スタイルや見やすさがまちまちですが、貴重な情報源。面倒がらずにじっくりと目を通しましょう。

すでに契約ずみの物件のチラシが混じっていることも少なくないので、候補物件は多めに選びます。そして担当者に契約状況を確認してもらい、入居可能な物件に絞ったうえで細かい条件をチェックすれば、ムダがありません。

キャッチコピーにまどわされない！

チラシを見るとき、間取り図や家賃にばかり目が行きがちですが、設備の説明など細かい部分にも、きちんと目を通しましょう。希望条件の優先順位を思い出し、自分の条件に合うかどうかを冷静にチェックすることが大切です。とくに、魅力的な言葉を並べてあるキャッチコピーには注意。ウソは書かれていませんが、実際の印象と違う場合があります。

気に入った物件があれば、チラシのコピーをもらっておきましょう。後日、不動産会社に問い合わせたり、ほかの物件とくらべたりするときに役立ちます。

チラシは契約がすむまで保管しておこう

チラシは内見の際にも必ず持参し、間取りや設備など、書かれている条件と実際の部屋の様子が合っているかどうかを確認します。家賃や手数料などお金に関することも記載されているので、不動産会社や家主とのトラブルを防ぐために、契約がすむまで大切に保管しましょう。

Check!

チラシを見るときの心構え

- □ 面倒がらず、１枚ずつ目を通す
- □ キャッチコピーは「参考」と考える
- □ 候補を絞り込む作業の前に、契約ずみでないことを確認してもらう
- □ 気になる物件があったら、チラシのコピーをもらっておく
- □ 内見のときは、チラシのコピーを持っていく
- □ チラシのコピーは、契約が終わるまで保管する

ひとり暮らしの小ネタ

物件チラシ、こんな表現はNG！

不動産会社に置かれているチラシを含め、不動産広告の表現は法律で規制されています。使ってはいけない表現には、以下のようなものがあります。

- 根拠を具体的に示せないのに、「他のものよりよい（安い）」という印象を与える表現 → 「日本一安い」「激安」など
- 一定の基準をクリアしたと思わせるような表現 → 「特選物件」など
- 「最上級」を意味する表現 → 「最高級マンション」など

チラシはここをチェック！

間取り図や家賃だけでなく、賃貸条件の詳細などもよく確認しよう。

1 費用

家賃、管理費（共益費）のほか、敷金・礼金や不動産会社への仲介手数料なども確認。月々の支払額のほか、契約時にかかる費用もわかる。

2 入居時期

「即入居」となっているものは、現時点で空室になっている部屋。引越しする日ではなく、契約した日から家賃が発生する。先の期日が記載されている場合、現在の入居者が退去するまで内見ができないことも。

3 間取り

部屋の広さや間取りを示す。同じ建物内に複数の空室がある場合、チラシの図面が入居できる部屋の間取りと多少異なることもあるので注意する。

4 周辺の環境

周辺の地図には、最寄り駅や周辺の施設、店などが記されている。駅までのルートなども確認しておく。

物件チラシを徹底チェック！

物件チラシに書かれていることを正しく読み取って、効率よく理想の部屋を探そう！

1
○○○コーポ
301号室

2
JR中央線××駅
徒歩8分

3
賃料　70,000円
管理費　2,000円

敷金2か月　礼金2か月

日当たり良好！
美室！

9
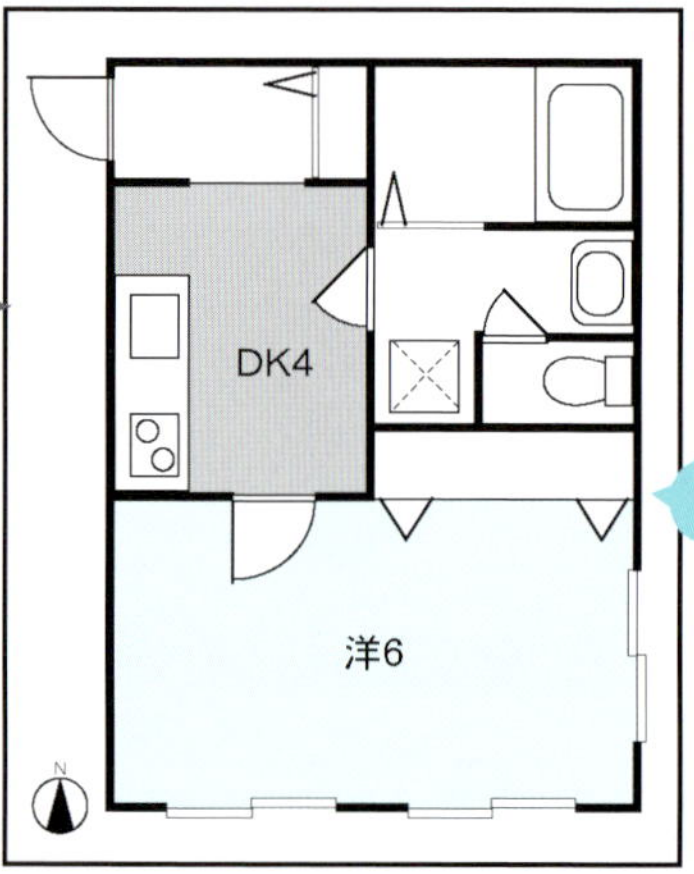

【物件概要】

4
- ●名称：　○○○コーポ
- ●所在地：新宿区××町○丁目○-○

5
- ●建物構造：鉄筋鉄骨コンクリート（5階建て3階部分）

6
- ●占有面積：28.5㎡

7
- ●築年月日：平成2年5月
- ●総戸数：25戸
- ●入居日：即日入居可

8

10
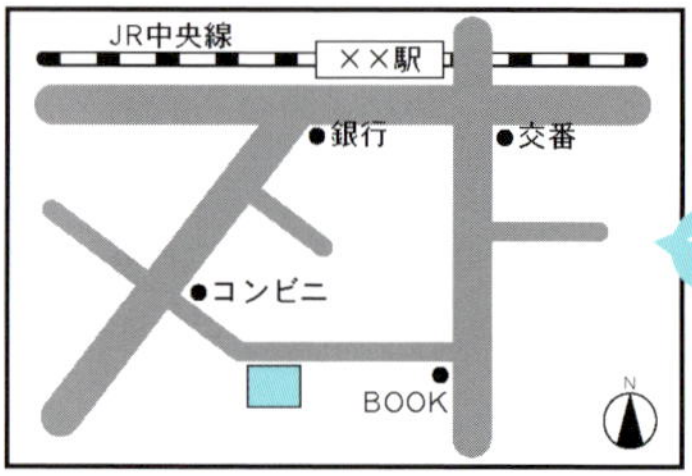

11
【設備】

□フローリング	□洗濯機置き場
□クローゼット	□洗面台
□エアコン	□都市ガス
□バス・トイレ独立	□ガスコンロ可
□給湯	□駐輪場

12
東京都知事（0）第00000号
○○○○不動産
〒000-0000
東京都新宿区新宿区××町○丁目○-○
TEL. 03-0000-0000
FAX. 03-0000-0000

1 建物の名称
具体的な名称と部屋番号。

2 交通
最寄り駅と、駅からの所要時間。「徒歩○分」という表記は、「80m＝徒歩1分」として計算。道路の状況や信号待ちなどにかかる時間は含まれていないので、実際には表記された時間と異なることもある。

3 賃貸条件
月々の家賃、管理費（共益費）のほか、敷金、礼金、仲介手数料など契約時に必要な費用。

4 所在地
具体的な住所。

5 建物の種類
一般に、木造や軽量鉄骨造の建物を「アパート」、鉄筋コンクリート造（RC）や鉄筋鉄骨コンクリート造（SRC）の建物を「マンション」と呼ぶ。「コーポ」「ハイツ」は構造を表す言葉ではない。

6 占有面積
部屋の広さが「㎡」で示されている。約1.62㎡＝1畳を目安に考えるとイメージしやすい。バス・トイレや玄関、収納スペースまで含めた広さを表す。

7 築年月日
建物が完成した日。古くても、きれいにリフォームされている場合もある。

8 入居可能日
もっとも早く入居できる日。

9 間取り図
部屋の間取りと方角が示されている。隣室の間取りもわかるようになっていることもある。

10 周辺図
最寄り駅から物件までの地図。

11 設備
室内に設置されているものや、電気・ガス・水道といった設備について書かれている。記載内容は不動産会社によってまちまちなので、気になることは必ず口頭で確認を。

12 不動産会社の情報
物件を管理する不動産会社の名称や所在地、連絡先など。周辺の不動産会社と情報を共有している場合もあるため、実際に訪問した不動産会社とは異なることもある。

キャッチコピーのここに注意

キャッチコピーはあくまでも参考程度に。最終的には、現地で自分の目で確認しよう。

東南角部屋	東と南に窓があっても、目の前に高いビルがあって日当たりがよくないこともある。
閑静な住宅地	周りに店がない不便な場所の可能性も。
日当たり良好	幹線道路などに面していて騒音が気になったり、西日が入って暮らしにくかったりすることも。
美室	どの程度を「美しい」と思うかは個人差。
眺望抜群	具体的に何が見えるのか書かれていないので、美しい風景が見えるとは限らない。

間取り図の見方

不動産会社のチラシなどに必ずのっている間取り図。少し難しそうだけれど、見方を覚えておくと役に立ちます。

間取り図の見方を知っておこう

間取り図とは、部屋を真上から見た図面のこと。部屋全体が一定の縮尺で描かれており、壁、窓、ドアや収納スペース、室内の設備などが、決められた記号で表されています。見なれてくると、間取り図から何がどこにあるのかを読み取れるようになり、部屋の様子を何となく思い浮かべることもできるように……。見方を知っておけば、部屋探しをスムーズに進めるのに役立ちます。

部屋の広さは「専有面積」でチェック

図面を見るときに注意したいのは、間取り図だけでは広さがわからないということです。一見、広そうに見えても実は……、ということも珍しくありません。また、「１Ｋ」「１ＤＫ」といった言葉は部屋の数や構造を示すもの。１Ｋより狭い１ＤＫの部屋もあることを忘れてはいけません。間取り図を見るときは、必ずチラシに書かれている「専有面積」の数字をチェックし、部屋全体の広さを確認しましょう。

よい部屋かどうかは自分の目で見て判断を

部屋探しの大切な手がかりになる間取り図ですが、実際の部屋には、図面やデータではわからないことがいろいろあります。日当たりや内装、音やにおい、近所の雰囲気……。不動産会社の担当者に聞けばわかる範囲で教えてくれますが、細かい部分までは無理。また、何を「よい」と思うかも人によって違うので、気になる部屋は実際に自分の目で見て判断することが大切です。

間取り図は、あくまで内見に行く部屋を決めるための参考資料。住みやすい部屋を探すため、少しでもよさそうな部屋を見つけたら、どんどん見にいきましょう。

ひとり暮らし体験いろいろ

間取り図でびっくり！

床の色が…

カンペキな間取り！
と期待して内見に行ったら、
床が緑色でした。

窓はあるけれど…

「南と東に窓がある角部屋」へ。
南向きの窓を開けると、
手を伸ばせば届くぐらいの距離に
隣のビルの壁が……。

１階の角部屋

部屋が敷地ぎりぎりの
ところにあるため、
部屋の前の道を通る人の影が
数分おきに見えました。

間取り図に使われる略語いろいろ

部屋の構造やタイプを表す略語を知っておこう。

記号	意味
K	キッチン（4.5畳以下の場合が多い）
DK	ダイニング・キッチン（6畳程度の場合が多い）
LDK	リビング・ダイニング・キッチン（6畳以上の場合が多い）
UB	ユニット・バス。お風呂・トイレ・洗面台が一体になっていることが多い。
CL	クローゼット。作りつけの洋服だんす。
WCL	ウォークイン・クローゼット。作りつけで大型の洋服だんす。
PS	パイプスペース。配水管や電気ケーブルなどが入っている。
MB	メーターボックス。電気、ガス、水道などのメーターが入っている。
SB	シューズボックス。作りつけの下駄箱または下駄箱を置くためのスペース。
洋	洋室（洋6帖／6畳分の広さがある洋室）
和	和室（和6畳／6畳分の広さがある和室）
玄	玄関
押	押入れ。天袋がついていることも。

間取り図はここをチェック!

見方を知って、間取り図から部屋の様子が想像できるようになろう。

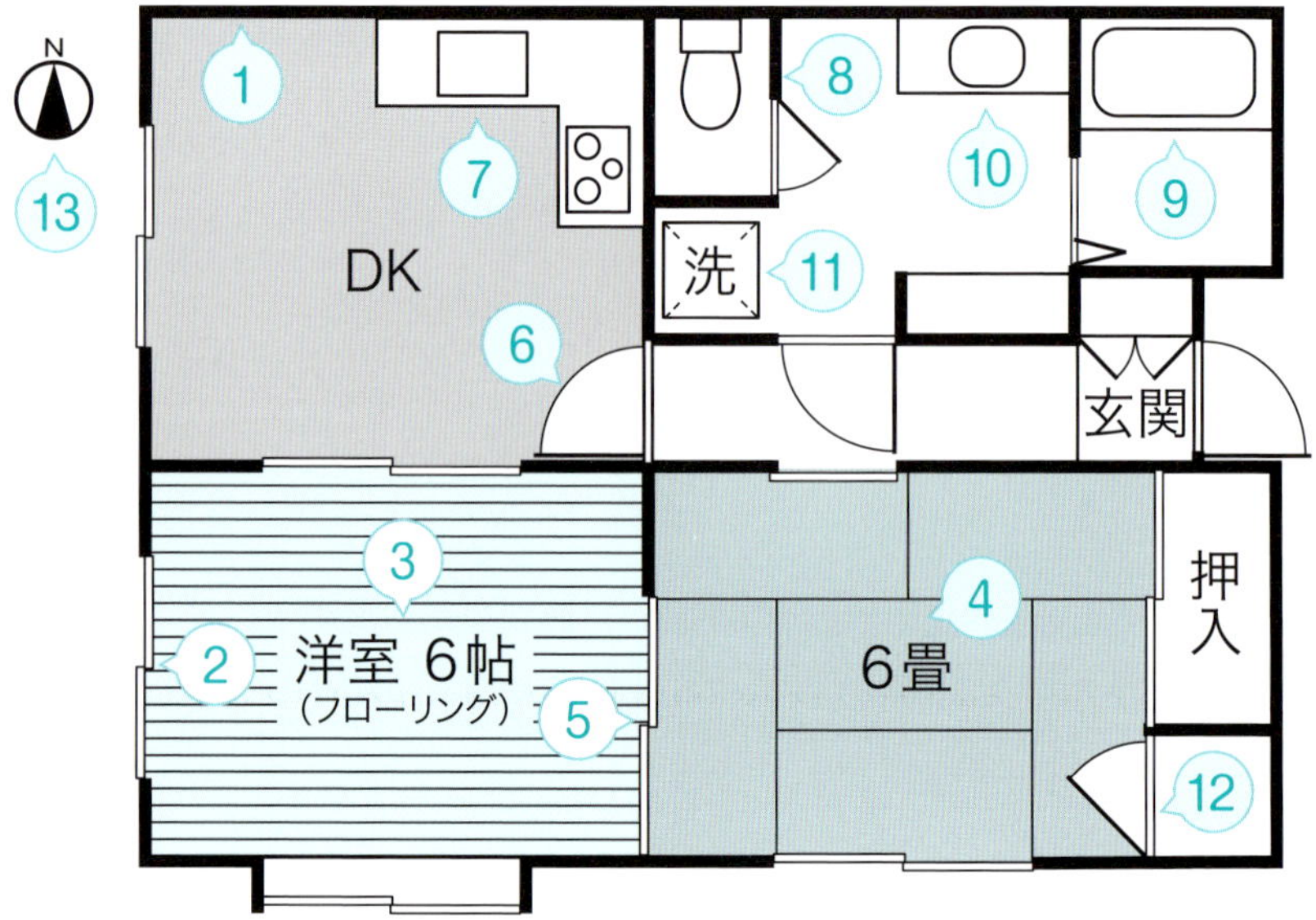

間取りのいろいろ

「1R」「1K」「1DK」の意味は? 間取り図から部屋の構造や数を読み取ろう。

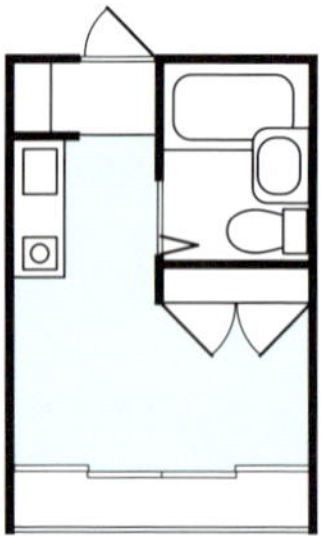

1R

部屋とキッチンが一緒になっている。

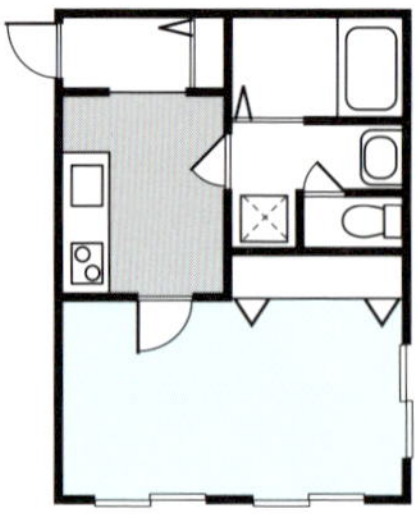

1K

部屋とキッチンが仕切られている。

1DK

部屋とキッチンが仕切られ、キッチンにテーブルなどがおける程度の広さがある。

1 壁

2 窓
2つ以上ある場合、向き合った位置にあると風通しがよい。

3 フローリング
縦または横に線が入っている場合は、床がフローリング。無地の場合はクッションフロアやじゅうたん。

4 畳
畳のように線が入っている場合は、畳の和室。部屋の広さを表す「畳」と「帖」は本来同じ意味だが、畳の枚数で表す場合に「畳」、洋室の広さを畳の枚数で換算して表す場合に「帖」を使うこともある。

5 引き戸
ふすまのように、左右に開閉する戸。

6 片開きドア
開閉する方向がわかる。

7 シンク
シンクのある調理台にはコンロが設置されているか、コンロを置くことができる。

8 トイレ
イラストの形で和式、洋式を区別することができる。

9 お風呂
シャワーや追い炊き機能がついているかどうかは、図面からはわからない。

10 洗面台
ユニットバスの場合、お風呂、トイレと一緒になっていることが多い。

11 洗濯機置き場
洗濯機を置くための防水パンなどが設置されている。ベランダや外廊下にあることも。

12 クローゼット
図面では高さがわからないので注意。

13 方位記号
「N」と書かれている三角形の先が北を表す。一般に、日当たりがよいのは南側に窓がある部屋。

こんな記号も！

一般的な記号のほかに、こんな記号が書かれていることも。そのものの形を想像するとわかりやすい。

記　号	意　味
	押したり引いたりして折り曲げるように開閉する戸
	格子付きの窓
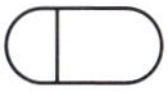	和式トイレ
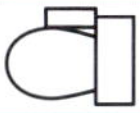	温水洗浄便座
	バランス釜＋浴槽
	アコーディオンカーテン

内見時に確認すること

内見は、部屋探しでいちばん楽しいイベント。あせらずに、よい部屋をじっくり探しましょう。

住みやすさを考えて細部までチェック

よさそうな物件を見つけたら、すぐに内見を申し込みます。以前の居住者がすでに退去していれば、すぐにでも見せてもらえることがほとんどです。

内見には不動産会社の担当者が同行することもあれば、現地で家主さんや管理人に鍵を借り、家主さんや管理人の立ち会いのもとで内見できるよう手配してくれることもあります。内見するときに大切なのは、住みやすさに関わるポイントを具体的に確認すること。どんなに素敵な部屋でも、雰囲気だけで決めてしまうのは避けましょう。

たくさんの部屋を内見しよう

なれるまでは、室内の何を見ればいいのかわからないのが普通です。最初の何軒かは「内見の練習」と考えて。たとえ気に入った部屋があってもすぐには決めず、少なくとも2〜3日かけて5〜6軒は回って、それぞれの部屋のよい点、悪い点を検討しましょう。

自分に合う部屋を見つけるためには、多くの部屋を見ること。あせらずに、じっくり部屋探しを進めましょう。

夜の様子も確認しよう

内見をするのは、天気がよい日の昼間がベスト。日当たりや周囲の様子がよくわかるからです。不動産会社の担当者が同行する場合、会社から車での移動をすすめられることがありますが、行きか帰りのどちらかは最寄駅まで歩いてみましょう。駅までの所要時間のほか、街の様子を知るのにも役立ちます。

気に入る物件を見つけたら、できれば夜、いつもの帰宅時間に駅から歩いてみて。人通りはあるか、スーパーマーケットやコンビニエンスストアは開いているかなどを確認しておきましょう。

内見のときに持っていくと便利なもの

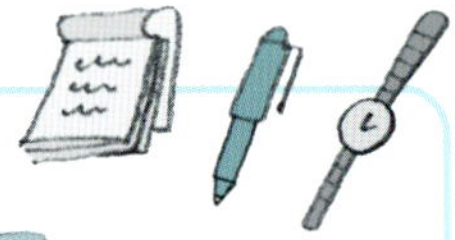

- **メジャー** ▶ 手持ちの家具を置けるかなどの確認に。
- **メモ＆筆記用具** ▶ 物件ごとに、気に入った点や気になる点をまとめておく。
- **デジタルカメラ** ▶ 室内の気になる部分を撮影。メモを見直すときに便利。
- **時計** ▶ 駅から歩くとき、どのぐらい時間がかかるかを確認する。

内見の際の心がまえは？

五感をはたらかせて、実際に自分が住むことを想像しながら内見しよう。

① 広さに惑わされない

内見するとき、室内はからっぽ。実際にはあまり広くない部屋でも、広く感じます。広さをチェックするときは、自分が置きたいと思っている家具を室内に配置したところを思い浮かべて。

② 間取り図との違いに注意

間取り図と実際の部屋の様子が微妙に違うこともあるので、気になる部分についてはきちんと口頭で確認しましょう。

③ 物件までは駅から徒歩で

不動産会社のチラシには最寄の駅やバス停までの所要時間が書いてありますが、歩くペースや道路の状況によっては、もっと時間がかかることも。歩きながら街の雰囲気もチェックしておきましょう。

④ 音やにおいも確認を

周囲の音が気にならないか、上の階や隣の部屋がうるさくないか、などを確認。また、部屋に入った瞬間のにおいにも注意します。いやなにおいがする場合は、見えないところにカビが生えていたり、排水設備の手入れが悪かったりすることも。

⑤ 第一印象も大切に

室内の雰囲気には、明るさや内装、風通し、周囲の環境など、さまざまなことが関係しているもの。「何となく気に入らない」と感じる場合、そのときにはわからなくても、「イヤだ」と感じる原因が何かあるはずです。

⑥ 借り得物件は要注意

広さや設備が整っているのに、妙に家賃が安い……。そんなときは、安さの理由を不動産会社に聞いてみましょう。なかには、内見しただけではわからない悪条件がある物件もあるからです。

内見時のチェックポイントはここ！

各部屋の設備など、大切なことは、必ず自分の目で確かめよう！

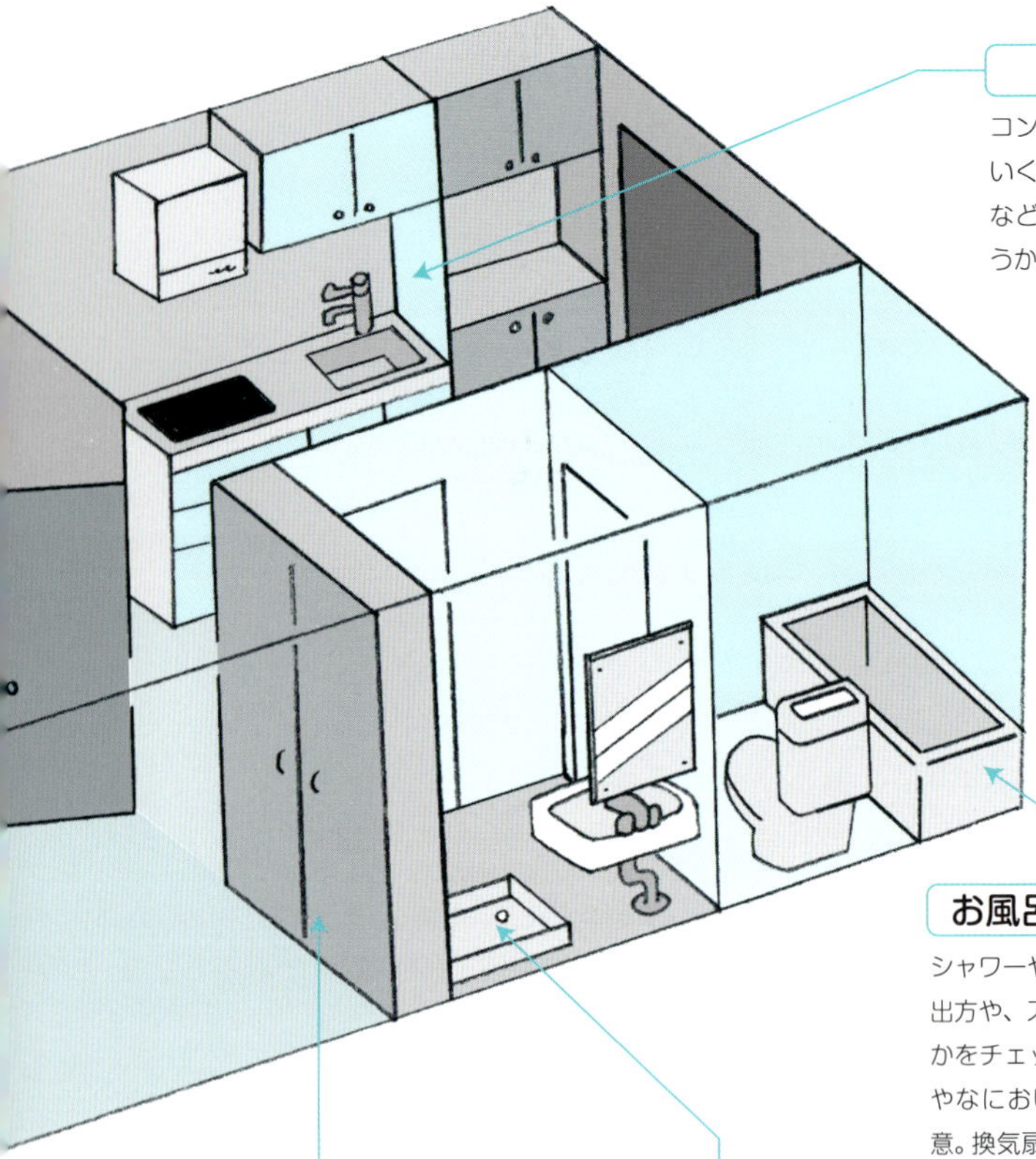

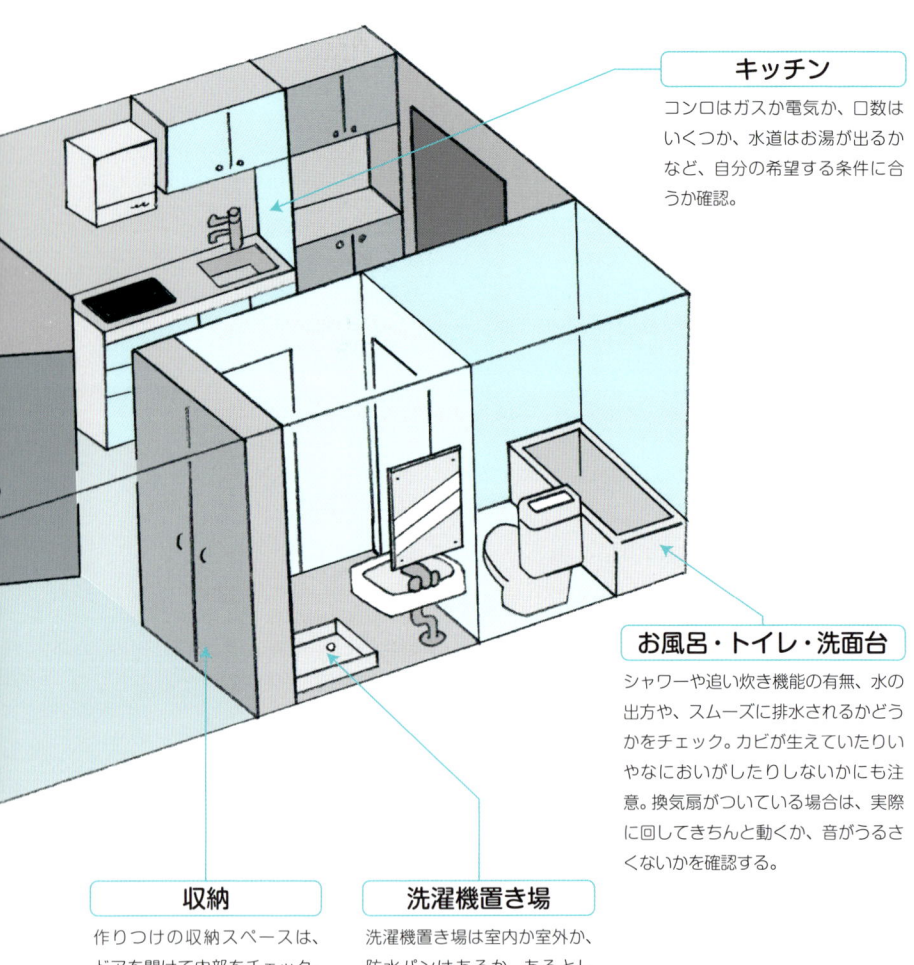

キッチン

コンロはガスか電気か、口数はいくつか、水道はお湯が出るかなど、自分の希望する条件に合うか確認。

お風呂・トイレ・洗面台

シャワーや追い炊き機能の有無、水の出方や、スムーズに排水されるかどうかをチェック。カビが生えていたりいやなにおいがしたりしないかにも注意。換気扇がついている場合は、実際に回してきちんと動くか、音がうるさくないかを確認する。

収納

作りつけの収納スペースは、ドアを開けて内部をチェック。高さや奥行きを含め、自分の持ち物が入りきるほど十分なスペースがあるかどうかを確かめる。

洗濯機置き場

洗濯機置き場は室内か室外か、防水パンはあるか、あるとしたらサイズは十分かを調べておく。

エアコン

短時間でよいので作動させてみる。きちんと動くか、いやなにおいや異常な音がしないかなどを確認。

コンセント

コンセントの数と位置を確認。コンセントは部屋に２つ以上あるとよい。テレビのアンテナや電話のモジュラージャックをつなぐところが便利な位置にあるかも調べておく。

日当たり

周囲の環境によっては、南向きだからといって日当たりがよいとは限らない。

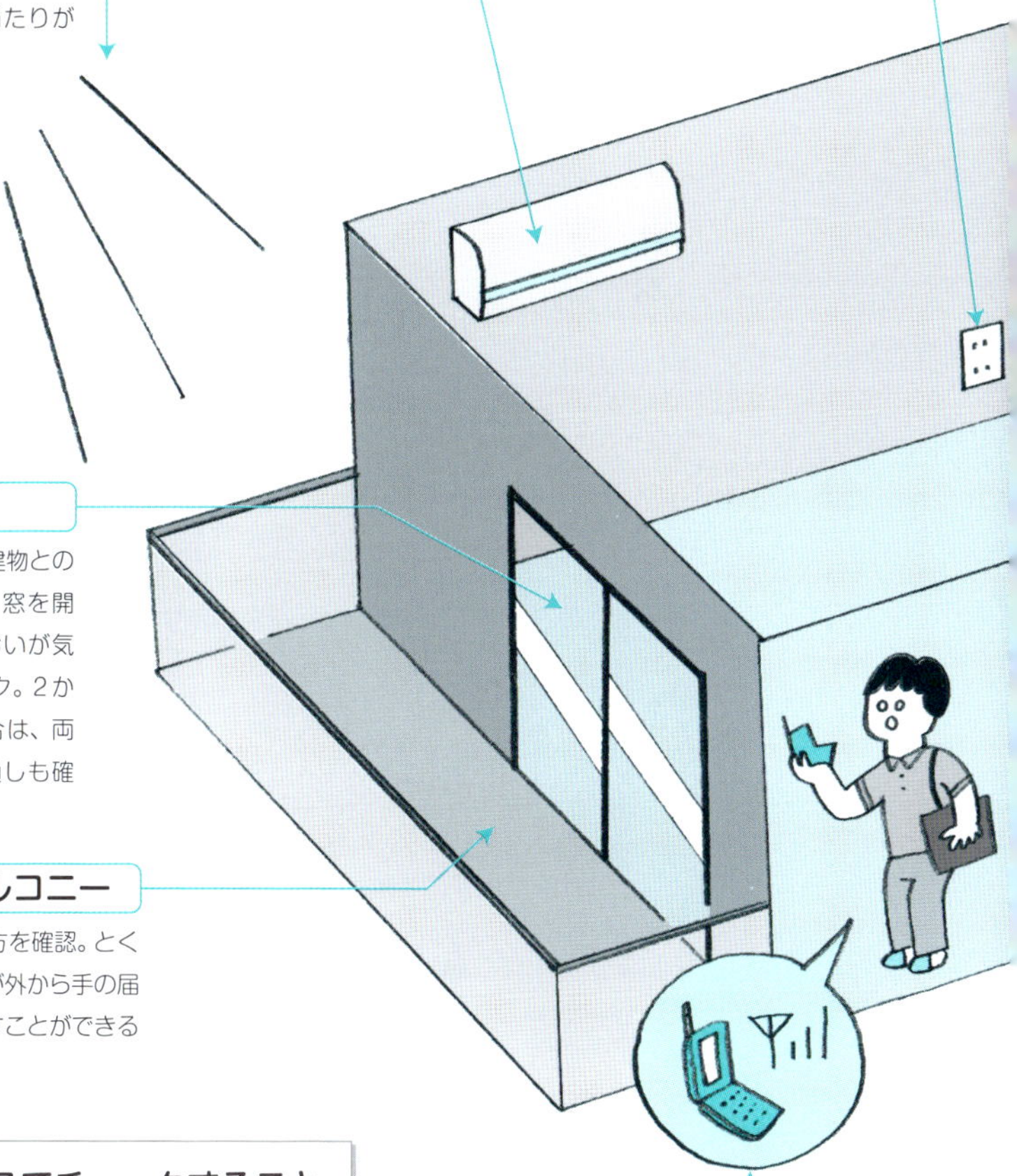

窓

必ず開けてみる。隣の建物との距離が近すぎないか、窓を開けたときに騒音やにおいが気にならないかをチェック。２か所以上に窓がある場合は、両方を同時に開けて風通しも確認しておこう。

ベランダ、バルコニー

広さや、外からの見え方を確認。とくに女性の場合、洗濯物が外から手の届かない場所に安全に干すことができるかどうかを考える。

共有スペースでチェックすること

- 通路やエレベーターなどの管理状況
- ごみ置き場の様子
- 駐車場や自転車置き場の使われ方
- 外壁に落書きなどがないか　など

携帯電話

室内で携帯電話がつながるかどうかをチェック。広めの部屋の場合は、室内の数か所で確認を。

家賃を決める要素

部屋探しをするとき、気になることのひとつが家賃。
家賃って、何を基準に決められてるの…？

人気物件は家賃も高い！

「よい部屋ほど家賃が高い」のは、賃貸住宅の常識。では「よい部屋」とは、どんな部屋のことをいうのでしょう？　家賃を決める際は、次のようなポイントが決め手になることが多いようです。

●立地＆交通の便

都心に近いところや、人気のある場所ほど家賃が高くなります。複数の路線が乗り入れるターミナル駅や急行が止まる駅なども、家賃は高め。

●駅からの距離

駅から近いほど家賃が高くなります。駅から徒歩で15分以上かかったりバスを利用したりするところは、家賃も安め。

●建物の構造

アパートよりマンションのほうが家賃が高め。アパートは、木造より軽量鉄骨構造の建物のほうが家賃が高めのことも。

●広さ＆設備

専有面積が広く、室内の設備が整っているところほど家賃が高くなります。

●築年数

建物が新しいほど家賃が高くなります。

このほか、建物の建築時期や家主さんの考え方なども家賃に影響しています。また、何らかの理由で長く空室になっている部屋は、家賃が安いことも。

自分にとって「よい部屋」とは何かを考えよう

部屋探しをするときに覚えておきたいのが、「家賃が高い＝よい部屋」とは限らないということ。生活スタイルや暮らし方のこだわりは、人それぞれ。条件の悪さは、家賃を下げてくれるありがたいポイントと考えることもできます。駅から離れた部屋は駅の近くより静かだし、せまい部屋でも収納が充実していればすっきりと暮らせます。自分の条件と優先順位を思い出し、家賃とのバランスを考えながら上手に部屋を選びましょう。

引越し体験いろいろ　部屋選びの失敗＆成功

郊外に引越し
通勤には1時間かかるけれど、近くに川や公園もあって快適です。

駅近にこだわる
駅から徒歩3分の家に入居。でも、地下鉄が通るたびに「ゴー」という音が……。

収納がない
わりと広いはずの私の部屋がせまいのは、収納がないせい。たんすを2つ置いているので室内がキツキツです。

家賃を決めるのはこんなこと!

立地、交通、建物の構造などをふまえて、家賃が妥当か検討しよう。

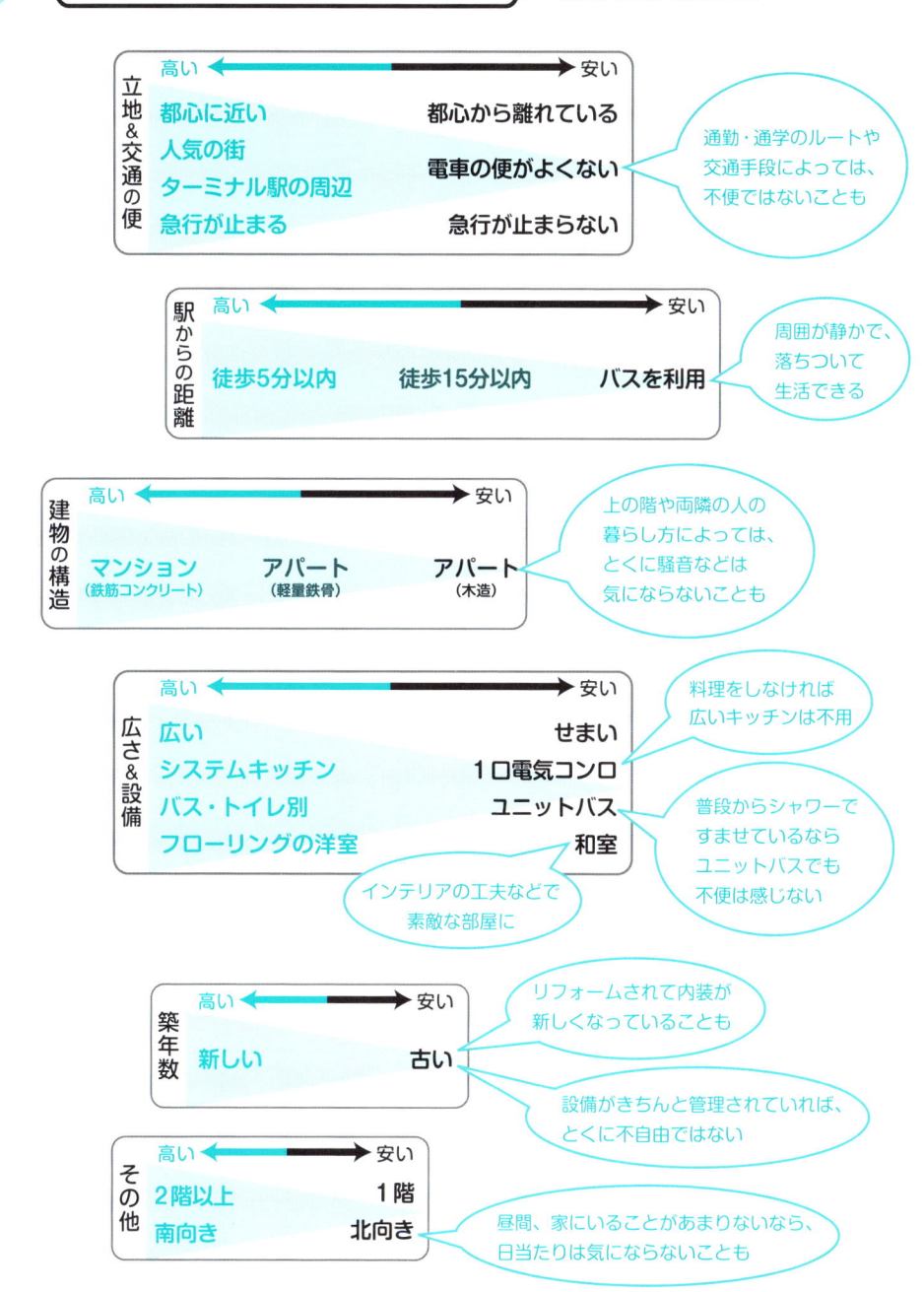

立地&交通の便

高い ←→ 安い

高い	安い
都心に近い	都心から離れている
人気の街	電車の便がよくない
ターミナル駅の周辺	
急行が止まる	急行が止まらない

通勤・通学のルートや交通手段によっては、不便ではないことも

駅からの距離

高い ←→ 安い

徒歩5分以内　徒歩15分以内　バスを利用

周囲が静かで、落ちついて生活できる

建物の構造

高い ←→ 安い

マンション（鉄筋コンクリート）　アパート（軽量鉄骨）　アパート（木造）

上の階や両隣の人の暮らし方によっては、とくに騒音などは気にならないことも

広さ&設備

高い ←→ 安い

高い	安い
広い	せまい
システムキッチン	1口電気コンロ
バス・トイレ別	ユニットバス
フローリングの洋室	和室

料理をしなければ広いキッチンは不用

普段からシャワーですませているならユニットバスでも不便は感じない

インテリアの工夫などで素敵な部屋に

築年数

高い ←→ 安い

新しい　古い

リフォームされて内装が新しくなっていることも

設備がきちんと管理されていれば、とくに不自由ではない

その他

高い ←→ 安い

高い	安い
2階以上	1階
南向き	北向き

昼間、家にいることがあまりないなら、日当たりは気にならないことも

周囲の環境もチェック

「よい部屋」って、どんな部屋のこと？
部屋の中だけでなく、外にも目を向けてみて！

候補の物件の周りを実際に歩いてみよう

部屋探しをしていると、つい「よい部屋」を探すことに集中してしまいがち。でも、実際の暮らしが快適になるかどうかを決めるのは部屋そのものだけではありません。まわりの環境が自分の生活スタイルに合っていなければ、結局は不便な思いやイヤな思いをすることになります。ミスマッチを防ぐため、できれば内見の際などに周囲を歩き回り、街の様子をチェックしておきましょう。

外側からみた物件はどんな様子？

幹線道路の近くなら、候補の建物を外からチェックします。天候や時間にもよりますが、窓を開けたり洗濯物を干したりしている部屋がない場合は、騒音や空気の汚れが深刻な可能性があります。女性の場合、建物の近くに街灯はあるか、人目につかない空き地がないかなどを確認しておくと安心です。

駅までの道沿いに希望の店や施設はある？

毎日の通勤・通学を考えると、立ち寄りやすいのが駅までのエリア。家から徒歩3～5分ほどで行ける範囲内に何があるか調べておくとよいでしょう。

ポイントとなるのは、店や施設の「数」ではなく「質」。たとえば自炊派なら、近くにスーパーマーケットなど食材を買える店があると便利。帰宅時間が遅い人なら、閉店時刻も気になるところでしょう。反対に外食派なら、スーパーマーケットより飲食店が多いところのほうが暮らしやすいはずです。このほか、コンビニやドラッグストア、レンタルビデオ店、スポーツクラブ、病院などの場所も確認を。自分の暮らしに必要なもの、近くにあってほしいものは何かを考えながら、近所の様子を見ておきましょう。

近くにあってほしいお店&施設は？

A子さんの場合

◆食事は自炊派
◆帰宅は21時以降
◆趣味は読書

- 遅くまで営業しているスーパーマーケット
- コンビニ（お酒もあること!）
- 書店、または図書館

B男さんの場合

◆外食が多い
◆帰宅は20時頃
◆趣味はスポーツ

- 夜、食事ができる店
- コンビニ
- スポーツクラブ

地図にまとめよう！

インターネットなどで見られる地図を利用して、店や施設を書き込んでおこう。

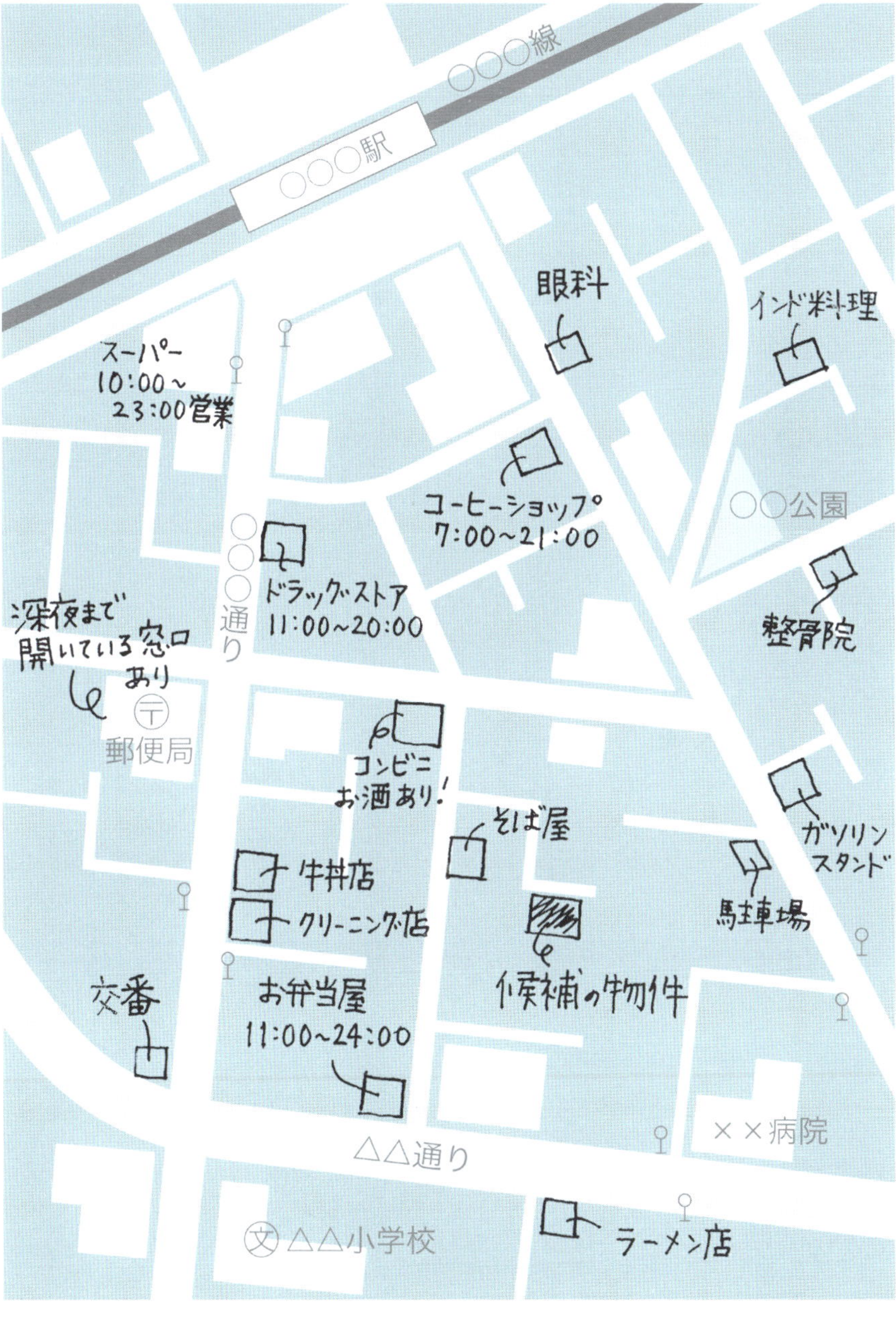

申し込みから契約まで

物件が決まったら、まずは申し込みをしてから契約へ。契約までに、必要な書類をきちんとそろえておきましょう。

物件を決めたら まずは入居申し込み

よい部屋を見つけたら、契約の前に、まず入居の申し込みが必要です。不動産会社に用意してある申込書に、氏名、現住所、勤務先、年収（学生の場合は親の年収）、連帯保証人の氏名や連絡先などを記入します。

ほとんどの場合、申込書を提出する際に申込金も支払います。金額は不動産会社によってまちまちですが、1万円～家賃1か月分ぐらいが普通です。

申込金とは何？

申込金は、きちんと契約するまでの間、不動産会社に預けておくお金。予定通り契約する場合は契約時に支払うお金の一部にあてられ、契約せずにキャンセルした場合は全額返してもらうことができます。ただし、申込金ではなく「手付金」として支払ってしまうと、キャンセルしたときに返金されないことも。トラブルを防ぐため、必ず不動産会社に「預り証」を発行してもらいましょう。申し込みをすませれば、自分からキャンセルしない限り、不動産会社がその物件をほかの人に紹介することはありません。

家主による入居審査がある

申込書を提出した後、家主による入居審査が行われます。審査といっても大げさなものではなく、本人や保証人の勤務先の確認などが中心です。家主さんや管理会社から保証人に電話を入れるために、申し込み時に相手の在宅時間などを聞かれることも。事前に、保証人を頼む相手に都合のよい日時などを確認しておくとスムーズです。審査には数日～1週間ほどかかることが多いようです。

審査でとくに問題がなければ、いよいよ入居の契約。不動産会社に出向いて契約に関する重要事項の説明を受け、納得できれば契約書に署名、捺印します。

契約時に必要なもの＆必要なこと

※不動産会社や家主によって異なる

◆ **保証人関連**
- □保証人を依頼し、ＯＫをもらう
- □勤務先や連絡先、年収などを確認
- □審査の際、家主や管理会社から連絡を入れてもよい日時や場所を確認　など

◆ **書類**
- □住民票
- □源泉徴収票や納税証明書など、収入を証明するもの
- □保証人の保証引受承諾書
- □保証人の印鑑証明　など

◆ **その他**
- □印鑑
- □身分証明書
- □契約時に必要なお金　など

契約までの流れは?

契約前に、入居の申し込みが必要。入居審査ののち、審査が通れば契約手続きを行う。

1 申込書に記入

氏名、現住所、職業、勤務先、年収などを記入。連帯保証人についても記入することがあるので、勤務先、おおよその年収などを事前に確認しておくとよい。

2 申込金を支払う

絶対に支払わなければならないお金ではないが、「一時的に預けるお金」として支払うことがある。キャンセルした場合は全額返してもらえることを確認し、預り証を受け取る。

3 入居審査

家主による審査が行われる。数日〜1週間ほどで、審査に通ったかどうかの連絡が入る。

4 契約書の内容確認

契約する際は、不動産会社の担当者が契約内容の説明をしてくれる。わからないことがあったら、遠慮せずに質問を。いったん契約が成立すると内容の変更は難しいので、完全に納得してから署名する。

5 契約手続き

必要書類を提出し、契約書に署名&捺印。契約時に必要なお金を支払い、契約書の控えや領収書、カギなどを受け取る。契約書の控えは、更新や退去のときまで大切に保管する。

契約時にかかるお金

賃貸住宅を契約するときは、家賃の5～6か月分のお金が必要。何に、どのぐらいかかるのか知っておきましょう。

家賃以外にも いろいろな費用がかかる

部屋を借りるときに必要なお金は、家賃だけではありません。契約時には、敷金、礼金、仲介手数料、前家賃、保険料などをまとめて支払うのが一般的。それぞれの金額は「家賃○か月分」などと決められています。それぞれの金額は、地域や家主さんの考え方などによって異なりますが、合計すると家賃の5～6か月分ぐらいになることが多いようです。

また、関東では敷金と礼金の両方を支払いますが、関西では礼金がないのが普通。ただし敷金の相場は関東より高く、さらに退去時に敷金の数か月分は自動的に引かれてしまうことがほとんどです。

ダメでももと 値引き交渉をしてみても

正式に契約する前なら、月々の家賃や礼金の値引き交渉をしてみることもできます。いちばん値切りやすいのが、礼金。ダメでもともとで、不動産会社の担当者に相談してみましょう。家主さんの許可が下りれば、家賃2か月分の礼金が1か月になったりすることもあります。

値引きされやすい物件は？

ただし、値引き交渉の成功率が高いのは、長く空室だったり条件が悪かったりする物件の場合。家主さんが値引きを了解するのは、少しぐらい礼金や家賃を安くしても空室のままにしておくよりマシ、ということになるからです。入居希望者がたくさんいるような人気物件の場合、値引きに応じてくれる家主さんはめったにいないでしょう。それどころか、むやみに値引きを頼むと支払い能力がないのかも……などと疑われ、入居審査で断られる原因になることもあります。値引きの相談をするときは、自分が希望している物件の条件をよく見きわめてからにしたほうがよいでしょう。

ひとり暮らしの小ネタ

「契約更新」って何？

賃貸住宅の契約は、2年単位で行われることがほとんど。2年以上その部屋に住みたい場合は、契約の更新手続きが必要です。更新の際には、更新料（家賃1か月分）＋更新手数料（家賃1/2か月分程度）＋火災保険料（15000円程度）を支払うことが多いようです。

契約のときに支払うお金は？

契約時にだいたい家賃の5～6か月分が必要。用途や相場を知っておこう。

支払うお金	用途	相場
敷金	家賃を滞納したり、借り手のせいで部屋の修理が必要になったりしたときのために、家主さんに預けておくお金。退去するとき返してもらえるが、部屋に修理が必要な傷をつけたりしていた場合、その修理費用が敷金から引かれる。	家賃の1～3か月分 関西では家賃の5～6か月分
礼金	入居するときに家主さんに支払うお礼金のようなもの。退去するときも返してもらえない。最近は、礼金なしの物件も増えてきている。	家賃の1～2か月分 関西ではなし（退去時に敷金の数か月分が引かれることが多い）
仲介手数料	物件を扱った不動産会社に支払う手数料。	家賃の1か月分（消費税がかかる）
前家賃	入居日から1か月分の家賃を先払いするもの。入居日が月の途中なら、その月の日割り家賃を支払う。	家賃の1か月分
火災保険料	家主が指定する保険への加入が入居の条件になっていることが多い。火災保険と家財保険がセットになっているものもある。契約更新時に保険も更新する。	約15000円

契約時に確認すること

契約書は、法律的に力をもつ書類。
面倒がらずに、内容をしっかり理解しておきましょう。

入居審査が通ったら契約に行く日時を決めよう

入居時の契約は、不動産会社で行います。入居審査の結果を知らせる連絡があったら、そのときに契約時に必要な書類を確認し、不動産会社を訪ねる日時を決めておくとよいでしょう。

わからないことは質問を！

当日は、まず不動産会社の人から契約内容の説明を受けます。この説明は、部屋探しの担当者とは別の人が行うことも。これは、契約時の説明は「宅地建物取引主任者」という資格を持つ人がすることに法律で決められているからです。

説明は契約書に書いてあることの確認が中心ですが、きちんと聞いておきましょう。契約書は内容が細かく言葉づかいもややこしいものですが、入居後のトラブルを防ぐためにも、内容を正しく理解することが大切です。わからない点はどんどん質問し、納得できないことがあったら変更を求めましょう。

敷金の返還について細かく確認しよう

契約内容は、契約時にひとつずつ具体的に確かめることが大切。あいまいにしておくと、退去時に余分なお金がかかったり、気づかずに契約違反をしてしまったりすることもあります。

とくにていねいに確認しておきたいのが、敷金の返還について。敷金は退去するときに返してもらえますが、その際、入居者の不注意による汚れや破損の修理費が差し引かれます。ただし、細かい基準は不動産会社によってまちまち。どこまでが入居者の責任になるのか、確認しておきましょう。

また、禁止事項も要チェック。物件によっては、石油ストーブやガスストーブが禁止されていたり、ひとりで住むことしか認めていなかったりします。

契約時の心得

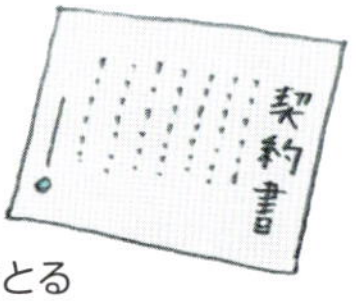

1. 契約内容の説明はきちんと聞く
2. わからないことをそのままにしない
3. おかしいと思うことがあったら、変更を求める
4. その場で変更したことは契約書に書き加えてもらい、自分でもメモをとる
5. 完全に納得してから署名&捺印を

契約時に確認しておくことは？

知らずに契約違反すると、最悪の場合退去させられることも！ よく確認しよう。

物件の所在地、部屋の号数は?

敷金、礼金、仲介手数料の金額は?

家賃、管理費の金額は?

契約期間は?

２年間が一般的。更新時の費用も確認しておく。

家賃の支払い日と方法は?

銀行からの引き落としや振込みなど、支払い方法が決められていることも。支払い日が休日にあたった場合の支払い日も確認。

管理会社の連絡先は?

室内の設備が故障したときなどの連絡先を聞いておく。

退去の手続きは?

退去する場合、いつまでに、どこに連絡するのかを確認する。

敷金は返還される?

退去後の室内の修復などについて、どこまでが入居者の責任になるのかを確認しておく。

禁止事項はある?

禁止されていることが多いのは、ペットや大きな音の出る楽器、石油ストーブなど。ひとり暮らし用に作られた部屋の場合、ふたり以上で住むのを禁止していることも。

特約事項は?

特に大切なことが書かれているので、必ずチェック。退去後の部屋の修復や立ち退きなど、自分に不利なことが書かれていないかを確認。

ひとり暮らしをもっと楽しむ!

column 1

手作り入浴剤で ゆったりバスタイム

バスタイムを自由に楽しめるのは、ひとり暮らしの特権。のんびり浴槽につかっていても「早く出て!」なんてせかされないし、入浴剤や石けんだって自分だけの好みで選べます。お風呂をもっと楽しみたい人には、手作りの入浴剤作りがおすすめ。その日の気分にあわせて香りを選べば、心もいやされます。

バスソルト

天然塩大さじ2に好みの香りのエッセンシャルオイルを3～4滴混ぜ、浴槽に入れる。

ハーブティーの入浴剤

好みの香りのハーブティーをお茶パックなどにつめ、浴槽に入れる。

バスミルク

牛乳大さじ2に好みの香りのエッセンシャルオイルを3～4滴混ぜ、浴槽に入れる。

みかん湯

食べた後のみかんの皮を、ネットなどに入れて乾燥させる。大きめのだしパックやコットンの袋などに入れて浴槽へ。

※エッセンシャルオイルは肌や体質に合うものを選ぶ。妊娠中や持病のある人は使用を避ける。

第2章 引越しの準備から当日まで

引越し先が決まったら、引越しの手続きやお金の精算、
家具や電化製品の準備、荷造りなど、やるべきことが満載です。
引越し当日に、準備が間に合わずにピンチ！
なんてことにならないよう、段取りをチェックしておきましょう。
スムーズに準備ができれば、新生活も気持ちよくスタートするはずです。

引越し方法のいろいろ

引越しをスムーズに進めるには、プロの手を借りることも必要。自分の条件をよく考え、引越し業者などを上手に利用しましょう。

荷物の量と予算を考えて引越し方法を選ぼう

引越しの方法は、荷物の量や新居までの距離、予算などによって変わってきます。自分に合った引越し方法を探して選びましょう。

家具などの大きな荷物が多い場合や引越し先が遠方の場合は、引越し専門業者に頼むのがおすすめです。反対に、荷物が少なく引越し先が近い場合は、自分でできることは自分で行い、引越し費用を節約しましょう。

●引越し専門業者に頼む場合は？

引越し専門の会社には、荷物の搬出・搬入だけを行うものや引越し準備から荷ほどきまですべて行うものなど、さまざまなプランやオプションメニューがあります。内容をよく検討し、自分に合ったプランを見つけましょう。ただし、サービス内容が充実しているほど料金も高めになります。

●宅配便を利用する場合は？

宅配便の会社にも、引越し用のサービスがあります。一般的なのは、一定の大きさのボックスに入りきる量の荷物を当日～翌日着で届けるもの。運べる荷物の量に制限がありますが、費用は安く抑えることができます。

●赤帽を利用する場合は？

近距離の引越しで荷物も少ない場合は、赤帽（軽貨物の運送業組合）に依頼してもよいでしょう。荷物の量や移動距離、引越しにかかる時間によって料金が変わりますが、短時間＆近距離の場合は割安です。

●自分で荷物を運ぶ場合は？

引越し業者を利用しない場合は、荷物を運ぶための車を自分で用意し、荷物を準備したり運んだりすることも自分で行います。友人や家族に手伝いを頼むのがよいでしょう。費用は安くすみますが、搬入・搬出などをすべて自分たちでする大変さもあります。

Check! 引越し方法を選ぶときに考えること

項目		
□荷物の量	多い	少ない
□新居までの距離	遠い	近い
□予算	ある程度準備できる	安く抑えたい
□荷物の準備	自分でできる	自分ではしたくない
□搬入・搬出	自分でできる	自分ではしたくない

引越し方法、コレがおすすめ

自分に合った引越し方法はどれ？
チェックしてみよう。

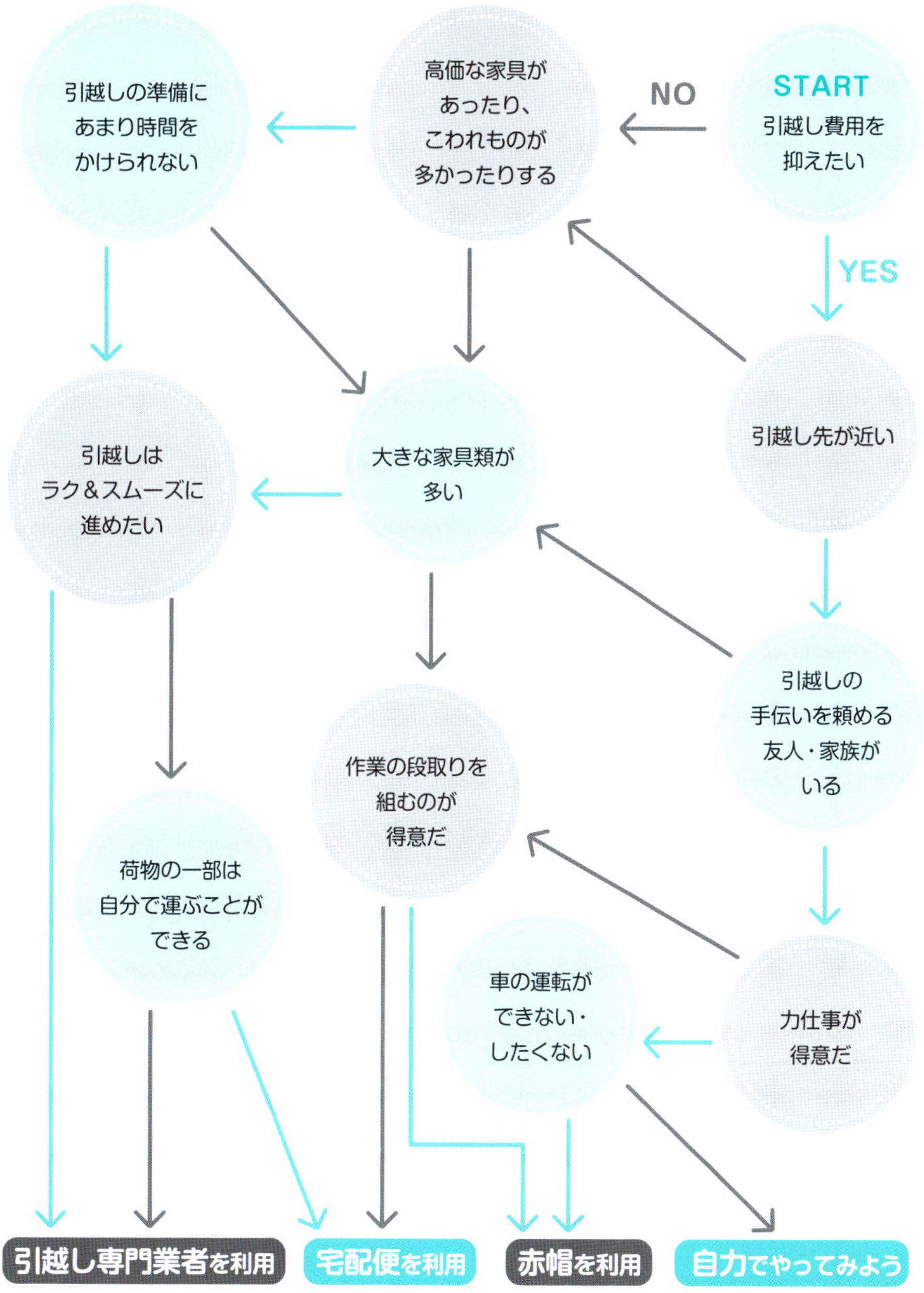
START
引越し費用を抑えたい
YES
NO
高価な家具があったり、こわれものが多かったりする
引越しの準備にあまり時間をかけられない
引越し先が近い
大きな家具類が多い
引越しはラク＆スムーズに進めたい
引越しの手伝いを頼める友人・家族がいる
作業の段取りを組むのが得意だ
荷物の一部は自分で運ぶことができる
力仕事が得意だ
車の運転ができない・したくない
引越し専門業者を利用
宅配便を利用
赤帽を利用
自力でやってみよう

引越しにかかるお金

引越し業者に依頼するなら、見積もりをとって料金を比較。その他の場合も、できるだけかかるお金を調べておきましょう。

引越し費用の見積もりは複数の会社からとろう

引越しの料金は引越しの方法によってさまざまですが、「ラクな方法ほどお金がかかる」のが基本です。ただし、引越し専門業者は、サービス内容によって料金もさまざま。最初から1社に決めるのではなく、必ず複数の会社から見積もりをとりましょう。電話やインターネットでできる簡単な見積もりなら、時間もお金もかかりません。複数の業者の見積もりを一括して依頼できるサイトを利用してもよいでしょう。

安くすませたいなら、小さめの業者も狙いめ。こうした業者は広告宣伝にお金をかけていないことが多いので、身近な引越し経験者の口コミを頼りに探してみるのがおすすめです。また、引越しの日時にも注意。休日よりも平日、午前中よりも午後（または指定なし）のほうが割安です。

見積もりをとる際の必要事項は?

見積もりを依頼する前に、自分の状況や希望をまとめておこう。

今住んでいる家について

- 所在地
- 何階建ての何階にあるか
- エレベーターの有無
- 間取り

引越し先の家について

- 所在地
- 何階建ての何階にあるか
- エレベーターの有無
- 間取り

荷物について

- 大型の家具
  （食器棚、ベッド、本棚、洋服だんす、食卓セットなど）
- 家電
  （冷蔵庫、洗濯機、テレビ、電子レンジ、ステレオなど）
- その他、箱詰めできない荷物
  （衣装ケース、ふとん、小さめの家具など）
- 箱詰めした荷物の数
  （ダンボール約○個分）
- その他大型のもの
  （バイク、自転車、観葉植物など）

引越しの希望時期などについて

- 引越し予定時期
- 希望する時間
- 希望する作業内容
  （引越しの準備から頼むか、荷物の搬出・搬入だけにするかなど）

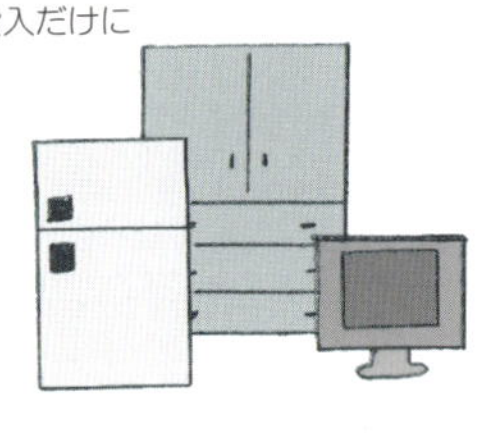

引越し専門業者に依頼しない場合は?

費用や手間を考え、自分に合う方法を探そう。

赤帽を利用する場合

荷物の量や移動距離等によって料金が異なる。
インターネットや電話で見積もりを。

例

2時間以内(移動距離20km以内)の場合

車1台、ドライバー兼作業員1名
13,500円〜

※日時によっては割増料金が加算される

宅配便のように荷物を送るサービスを利用する場合

荷物がボックスに入るかどうかは、
インターネットで確認することができる。

例

**約104cm×104cm×170cm
(押入れ1段分ぐらい)のボックスに入りきるだけの荷物を同一市区内に送る場合。
荷物の到着は最短で翌日。**

ドライバー1名+スタッフ1名　18,360円〜

(クロネコヤマト引越しセンター
単身引越しサービス)

**約108cm×104cm×175cm
(押入れ1段分ぐらい)のボックスに入りきるだけの荷物を同一市区内に送る場合。
荷物の到着は最短で翌々日。**

スタッフ2名　19,440円〜

(日本通運　単身パックL)

レンタカーを利用する場合

レンタカーを借りる場合は、利用料金+燃料代がかかる。利用料金は、
車種や利用時間によって異なる。

例

軽トラック

6時間まで　6,048円
12時間まで　7,128円

CDW(車両・対物事故免責額補償制度)
加入料 1,080円(任意)

ワンボックスバン

6時間まで　6,048円
12時間まで　7,128円

CDW(車両・対物事故免責額補償制度)
加入料 1,404円(任意)

(ニッポンレンタカー)

※料金は税込、2016年1月現在

基本的な家具＆日用品

「早くカンペキな部屋にしたい！」という気持ちはわかるけれど、
必要なものはじっくりそろえていくのが正解です。

一気にそろえるのは失敗のモト！

ひとり暮らしを始めるときは、さまざまなものが必要になります。でも、家財道具を一気にそろえてしまうのは失敗のモト。家具が多すぎて部屋がせまくなってしまったり、実際には必要ないものまで買ってしまったりしがちだからです。まずは必要最低限のものだけを買い、その後、部屋の広さやインテリアのイメージなどを考えながら少しずつ買い足していきましょう。

なかでも、大型の家具や家電は、引越し後に買うのがおすすめ。引越しで運ぶ荷物が少なくなるので、引越し料金の節約にもつながります。冷蔵庫や洗濯機などすぐに必要なものは入居の数日前に買い、入居直後に届くように配送を頼んでおいてもよいでしょう。

「生活するために絶対に必要！」というものは、意外に多くありません。とくに、長く使う家具や家電は、じっくり考えて、自分に合ったものを選ぶとよいでしょう。

ほしいものに優先順位をつけておこう

引越しの後は、あれもこれもほしくなってしまうもの。でも、ほしいものを全部買っていたら、あっという間に予算オーバーしてしまいます。上手に買いものをするコツは、部屋探しのときのように、ほしいものに優先順位をつけておくこと。また「必要だから買う＝使えればいい」ものと、「ほしいから買う＝大切に使いたい」ものを分けておくことも大切です。

使えればいい、というものは、安く手に入れる工夫を。リサイクルショップやインターネットのオークションを利用したり、知り合いからもらったりするのがおすすめです。反対に、大切にしたいものは、見た目なども重視して本当に気に入ったものを選びましょう。

お得なショッピング方法

リサイクルショップ
中古の家具や日用品がそろっている。

アウトレットモール
サンプル品や少し傷がついたものなどを扱う。

インターネットオークション
新品から中古まで、さまざまな種類や品質のものが出回る。

通信販売
カタログやインターネットのサイトなどで品物を選ぶ。

基本の家電

引越し前に手配したほうがよいものと、様子を見ながらそろえたほうがよいものがある。予算も考えながらじっくりそろえよう。

冷蔵庫

引越し前に手配

置くためのスペースも考えると、150リットル以下の小さめのものがおすすめ。まったく料理をしないなら、もっと小さなものでもOK。

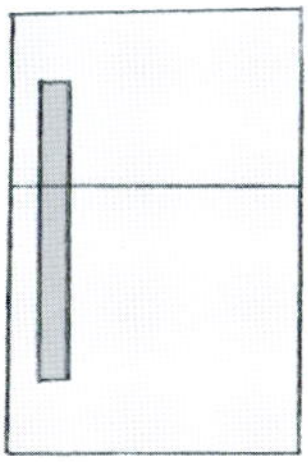

洗濯機

引越し前に手配

一槽式の全自動洗濯機が一般的。部屋についている防水パンのサイズに合うものを。乾燥機もついたタイプのものは大型で値段も高い。

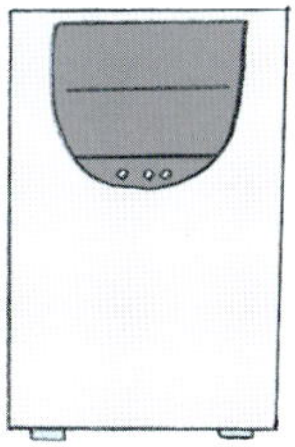

テレビ

引越し前に手配

20型以下の小さめのものがおすすめ。

掃除機

様子を見ながら準備

しまっておく場所がないなら、部屋に出しておけるスタンドタイプがおすすめ。

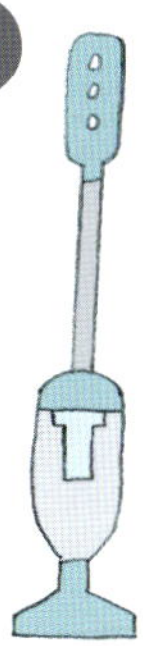

電子レンジ・オーブンレンジ

様子を見ながら準備

お弁当やお惣菜などの温めだけに使うなら単機能の電子レンジ。よく料理をするならオーブンレンジを選ぼう。

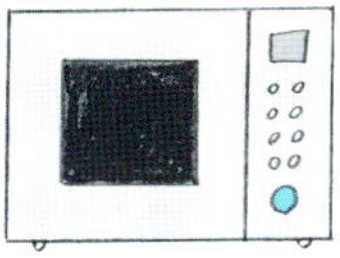

炊飯器

様子を見ながら準備

ひとり暮らしなら3合炊きで十分。一気に炊いて冷凍しておくこともできるが、大きな炊飯器がジャマになることもある。

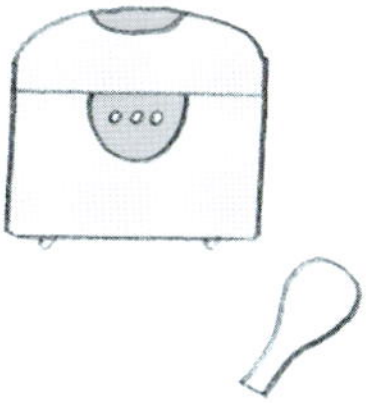

基本の家具

すぐに使うわけではない大型家具は、引越し後に家具の配置を考えながら購入するのがおすすめ。

大型家具は
引越し後に
購入

ベッド

低いタイプのほうが部屋が広く見えるが、ある程度の高さがあるとベッドの下を収納スペースとして使える。

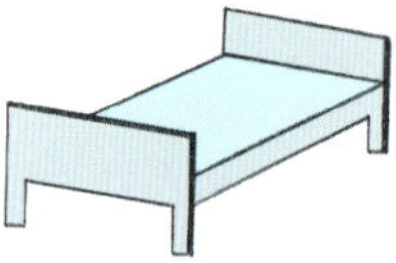

テーブル

部屋があまり広くない場合は、床に座って使う低いタイプがおすすめ。使わないときにしまっておける折りたたみタイプも便利。

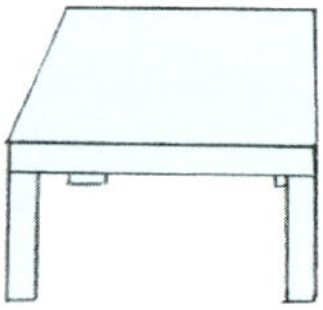

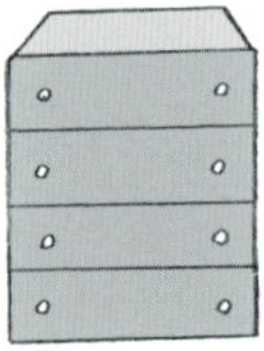

収納家具

大きさやデザイン、中に入れるものをよく考えて。テレビやミニコンポなどを上に置けるものなどを選んでも。

基本の日用品

ふとんなどの生活必需品は、引越したらすぐに使えるように、引越し前に手配しよう。

引越し前に
手配

ふとん・枕

防ダニ加工がされているものがおすすめ。丸洗いできるものもある。

引越し前に
手配

カーテン

窓のサイズは部屋によってまちまち。とくに窓の高さをきちんと測ってから選ぶ。

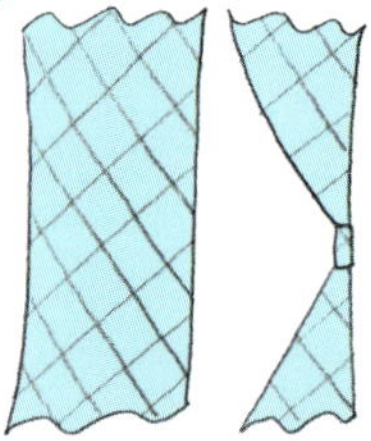

引越したら
すぐ用意

タオル

バスタオル2枚、フェイスタオルを3～4枚以上はそろえておくとよい。

様子を
見ながら
準備

クッション・座布団

低いテーブルを使うときは、床にすわるときのために用意しておこう。

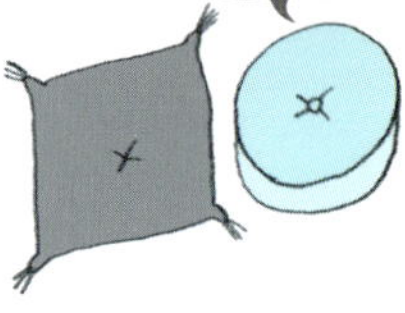

引越したら
すぐ用意

物干し竿

長さ調節ができるタイプのものが便利。

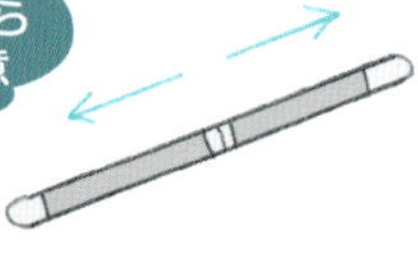

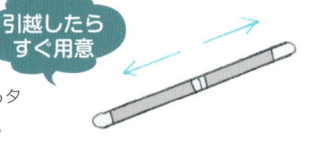

※その他
調理用具→p68参照
食器→p70参照

あると便利な家電

自分のライフスタイルに合った家電を徐々にそろえて、生活を充実させていこう。

アイロン

小型のスチームアイロンが使いやすい。

ステレオ・ミニコンポ

サイズも性能もさまざま。置き場所を考えて、無理なく置けるサイズのものを。

電話

FAX機能がついているものと、ついていないものがある。携帯電話だけで十分、という人もいる。

電気ポット

水を入れておくとお湯がわき、保温もできる。キッチンに電気コンロが1口しかない部屋では便利。

焦らず、じっくり考えながら「自分の部屋」をつくっていこう。

家具の配置を決める

ひとり暮らしのモノ選びは、スペースとの戦い。
サイズや使い勝手をじっくり考えて置き場所を決めましょう。

家具選びは部屋のサイズを測ってから

ひとり暮らしの場合、部屋の広さが十分ではないことも。その分、家具選びや配置にはそれなりのテクニックが必要です。大型の家具・家電を買うときは、サイズを細かくチェック。背の高い家具の場合は、壁の高い位置にでっぱりがないかなども確認しておきます。また、部屋と通路、部屋と部屋の間に仕切りのドアがあるときは、開口部の幅も1㎝単位で測っておきましょう。

家電を置く場所は、コンセントやテレビアンテナ端子などの位置も考えて決めます。場合によっては延長コードが必要になるので、準備しておくのを忘れずに。また、電化製品の後ろ側にはほこりがたまりやすいので、大きくて動かしにくいものは壁との間に少し隙間を開けておくと掃除がしやすくなります。冷蔵庫も側面と後ろ側を壁から離して置きますが、これは効率よく放熱させ、省エネ効果を高めるため。カタログや説明書にも、最低限必要な隙間の幅が書いてあるので、必ずそれを守りましょう。

家具の配置で部屋の広さが変わる！

部屋そのものの広さを変えることはできませんが、「広く見える」部屋を作ることはできます。大きなポイントとなるのが家具の配置。基本は、部屋の真ん中にきれいな四角いスペースを作るようにすることです。

家具は壁を背にして一列に並べるのがベスト。できれば奥行きをそろえるようにすると並べたときに凸凹ができず、すっきりした部屋になります。大きな家具や家電は、配送の際、指定した場所に入れてくれることがほとんど。いったん置いてしまうとひとりで動かすのは難しいものもあるので、家に届く前に置く位置をきちんと決めておくことが大切です。

ひとり暮らし体験いろいろ　家具の配置のガックリ

入らない…
家具を買ったら、大きすぎて部屋のドアを通らなかった……。しかたがないので取り替えてもらいました。

大きすぎた！
デザインが気に入って買ったチェスト。置いてみたら出窓を少しふさいでしまいました。

ぐちゃぐちゃと…
コンセントの位置を考えずにテレビなどを置いたため、長い延長コードが部屋をウネウネ。

家具の配置の○と×

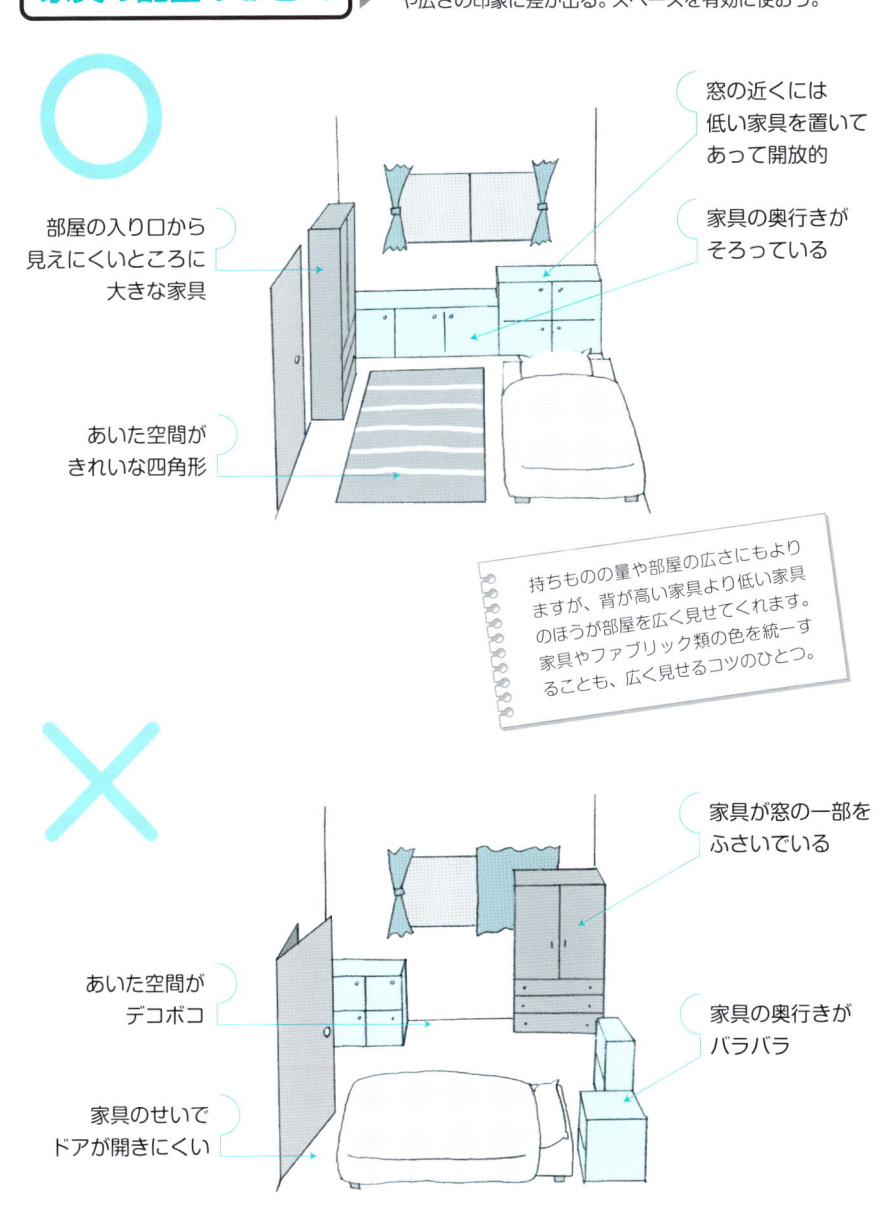

同じ家具でも、配置のしかたによって、部屋の使い勝手や広さの印象に差が出る。スペースを有効に使おう。

○

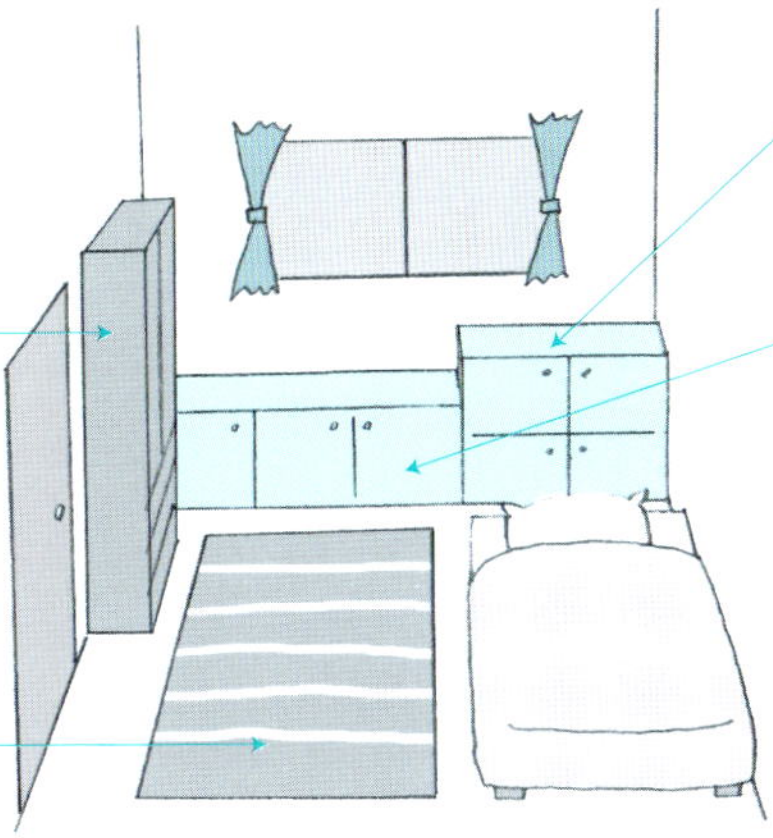

窓の近くには
低い家具を置いて
あって開放的
家具の奥行きが
そろっている
部屋の入り口から
見えにくいところに
大きな家具
あいた空間が
きれいな四角形

持ちものの量や部屋の広さにもよりますが、背が高い家具より低い家具のほうが部屋を広く見せてくれます。家具やファブリック類の色を統一することも、広く見せるコツのひとつ。

×

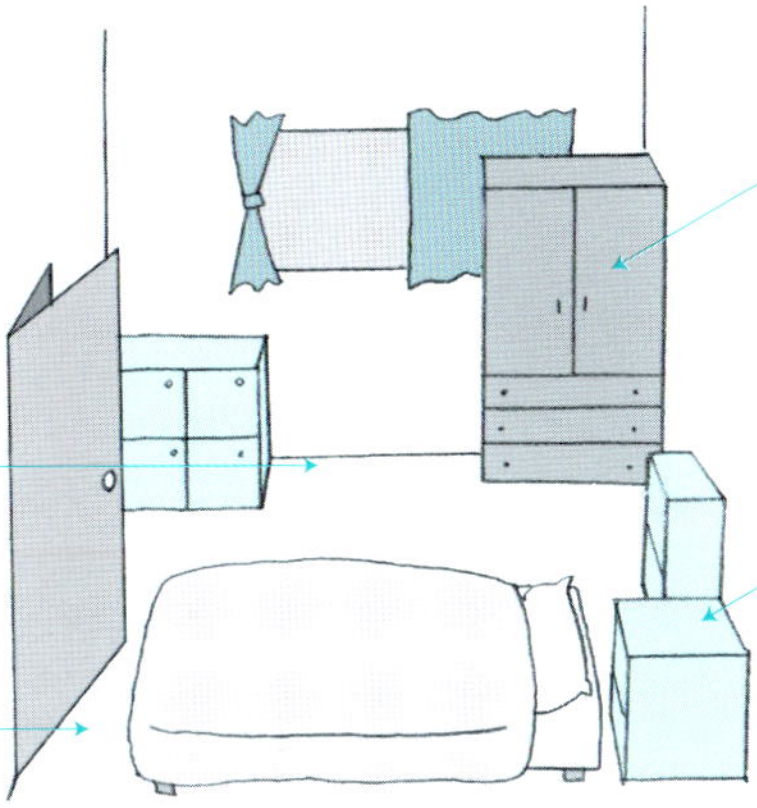

家具が窓の一部を
ふさいでいる
あいた空間が
デコボコ
家具の奥行きが
バラバラ
家具のせいで
ドアが開きにくい

引越し用の荷物の準備

引越しの準備には、意外に時間がかかります。
前日にあわてないよう、荷造りは早めにスタート！

小さいものはすべて段ボール箱に詰めよう

引越し当日は、荷物の搬出・搬入を短時間で終わらせなければなりません。そのために大切なのが、賢い荷造りです。引越し用の車に効率よく積み込むためにも、小物はすべてダンボール箱に詰めるのが基本。作業中に落としたりすることがあるので、割れ物はエアクッションなどの緩衝材で包んでから箱に入れます。箱の中でものが動かないよう、隙間には丸めた新聞紙などを詰めてからふたを折って閉め、ガムテープなどでしっかりとめておきましょう。また、それぞれの箱を持ち運ぶときのことを考え、重いものは小さな箱、軽いものは大きな箱に入れるようにします。引越し先ですぐに使うものは、ひとつの箱にまとめておくと便利です。

荷造りした箱の外側には、マジックで中身を書いておきます。荷物を積み上げても見えるよう、箱の側面の２か所に書くのがおすすめです。車に積み込む前に箱の数を数えておき、引越し先で荷物を下ろしてから数を確認するのも忘れずに。荷物の積み込みを自分でするときは、重いものが下、軽いものが上になるように気をつけましょう。

大型の家具は引越し方法に合わせて準備を

引越し専門業者に依頼する場合、大型の家具や家電はそのままでＯＫ。運び出す前に、業者が毛布などで梱包してくれます。テレビなどの家電やパソコンなどの精密機器は、できれば買ったときの箱に入れて運ぶようにすると安心です。

すでに組み立ててある組み立て式家具は、引越し先の部屋に運びこめるなら分解しないほうがよいでしょう。ただし、動かしたときに抜ける可能性があるビスや棚板などはすべて外し、ひとまとめにしておきます。

家電などを移動するための準備

冷蔵庫	前日までに中身を空にし、電源を抜いておく。製氷皿の水を捨てておく。
洗濯機	排水ホースなどをすべて外し、たまっている水を捨てておく。
ステレオ、DVDデッキなど	配線のコードはすべて抜いておく。
パソコン	データのバックアップをとっておく。

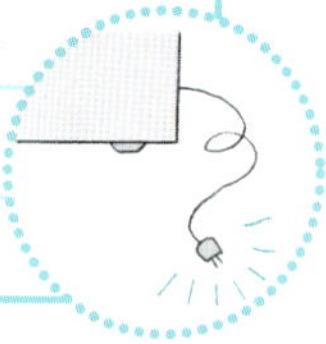

必ず自分で運ぶものは？

貴重品はわかりやすいようまとめておき、引越し当日は手元から放さずに必ず自分で運ぼう。

- 現金
- 預金通帳
- 印鑑
- 契約書などの書類
- 高価なアクセサリー類
- とくにこわれやすいもの

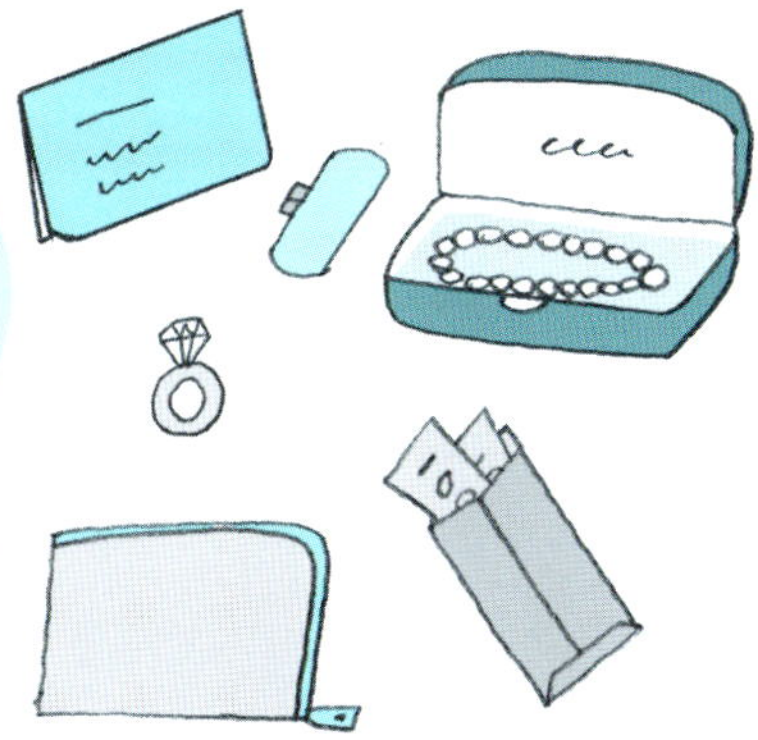

「すぐに使うもの」の箱に入れておくとよいものは？

- ゴミ袋
- ポリ袋
- ティッシュペーパー
- トイレットペーパー
- ドライバーセット
- 延長コード
- ガムテープ
- はさみ
- カッター
- ぞうきん
- 洗剤類
- タオル
- エプロン
- 軍手
- 新聞紙
- 筆記用具
- 紙皿、紙コップ
- 飲みもの
- ご近所のあいさつ回りで渡す品物
- その日に使う洗面道具と着替え

荷造りの基本は？

しっかり荷造りをしておくことが、引越しをスムーズに進めるポイント。荷造りの基本を押さえておこう。

段ボール箱の組み立て方

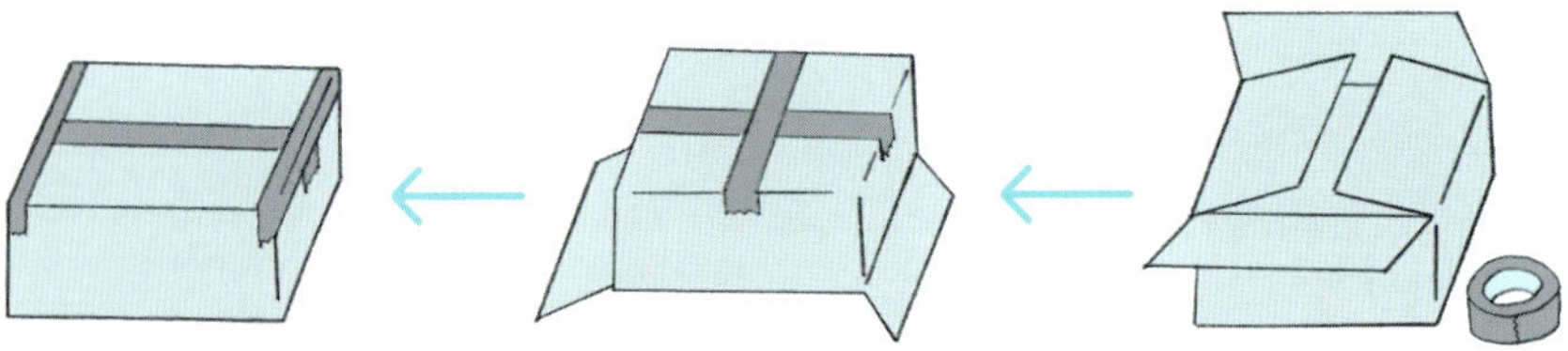

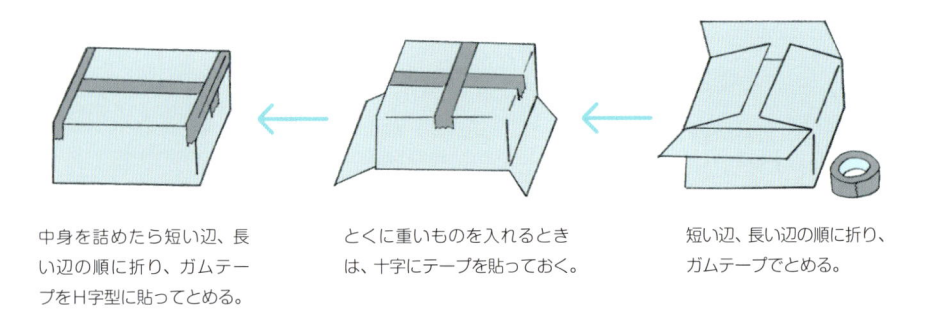

中身を詰めたら短い辺、長い辺の順に折り、ガムテープをH字型に貼ってとめる。

とくに重いものを入れるときは、十字にテープを貼っておく。

短い辺、長い辺の順に折り、ガムテープでとめる。

段ボール箱の中身を見分けやすくするコツ

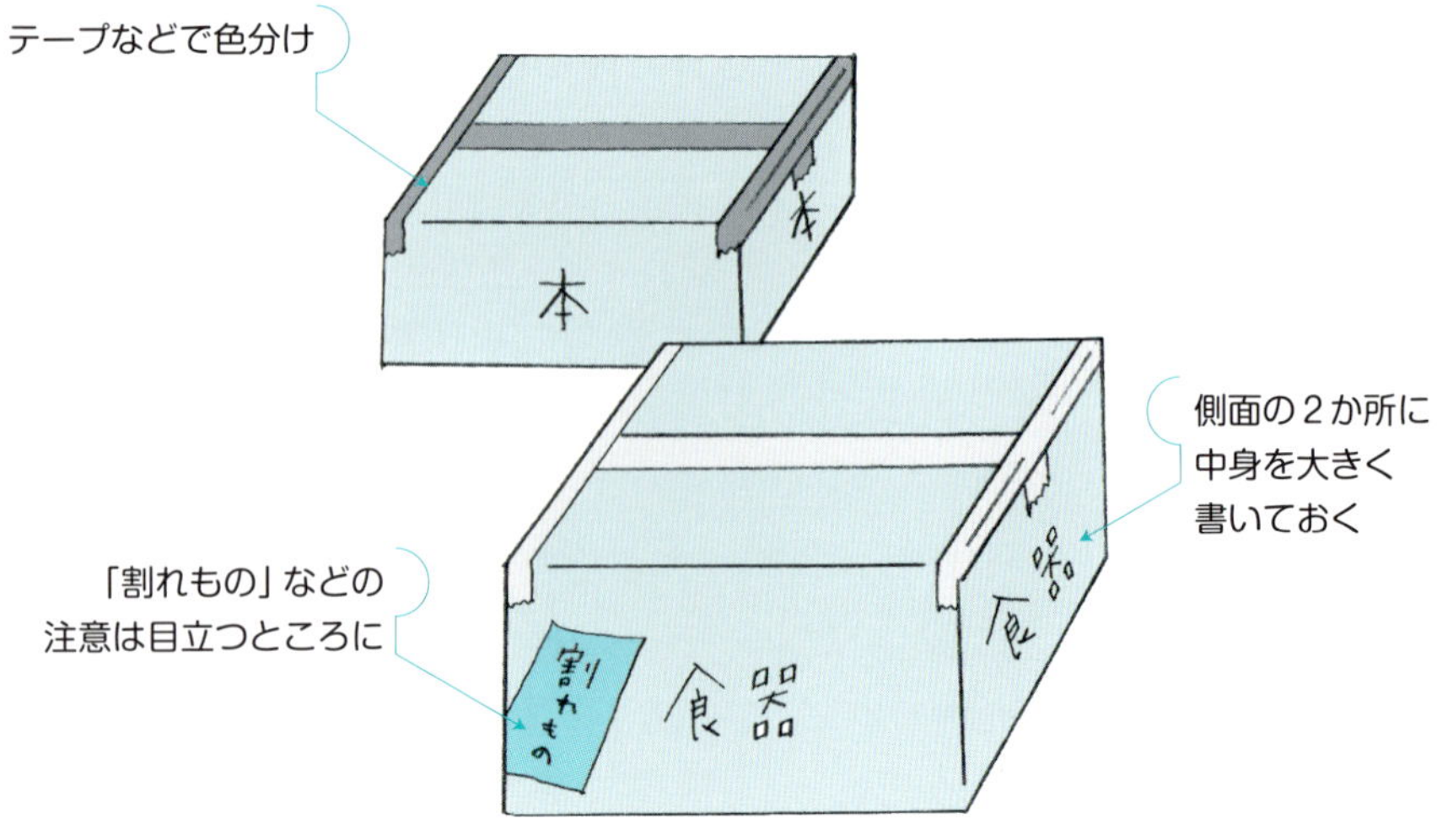

食器類

グラスは1つずつエアクッションで包む。

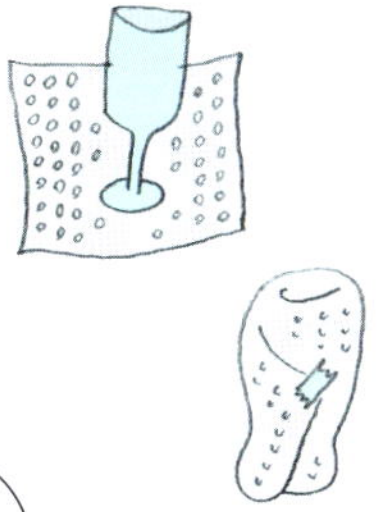

軽いからといって、ふたが盛り上がるほど詰めない。

グラスや茶碗は伏せて入れる。

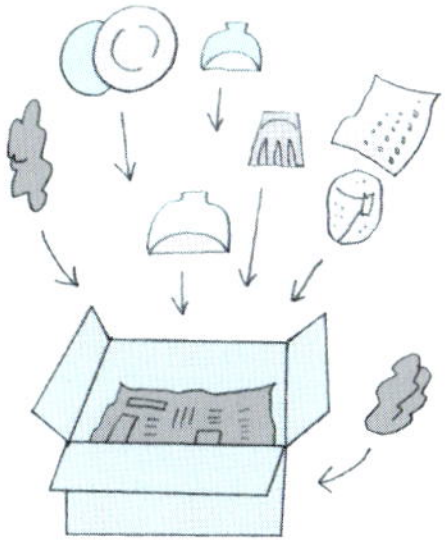

ダンボール箱の底に新聞紙を敷く。

重いものから順に詰める。

皿は1枚ずつエアクッションや新聞紙で包む。

平らな皿は立てて入れる。

隙間に丸めた新聞紙などを詰め、中身が動かないようにする。

衣類

ハンガーにかけてあるものは、そのままふわっとたたんで箱に入れる。

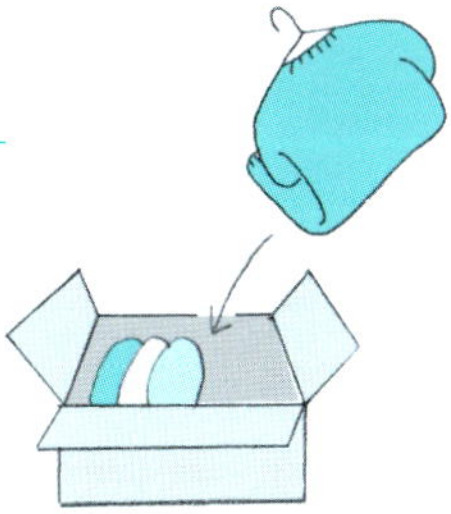

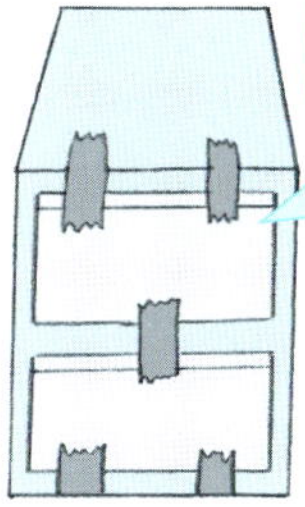

衣装ケースは中身を入れたままでOK。中身が出ないように、引き出しをテープでとめておくと安心。

ニットなどしわになりにくいものは、たたんで丸める。

軽いからといって、ふたが盛り上がるほど詰めない。

本

小さめの箱に詰める。

ひもでしばっただけだと、結び目がほどけてバラバラになることがある。

包丁

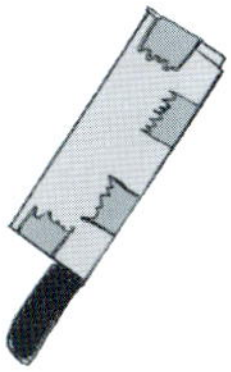

厚紙で刃を包み、抜けないようにガムテープでとめる。

引越し前後に必要な手続き

引越しは、荷物さえ運べばOK！ というものではありません。生活に必要な手続き＆連絡を忘れずに！

各種の連絡・手続きは早めにすませておく

引越しの前後には、しておかなければならない手続きがいろいろあります。まずは手続きが必要なもののリストを作り、ひとつずつすませていきましょう。

引越し前にしておかなければならないのは、市区町村役場への転出届。郵便局には転居届を出しておきましょう。

電気、ガス、水道は、使用開始の申し込みが必要です。インターネットや電話で手続きをすることができます。とくにガスは、新居でのガス開栓時に立会いが必要なので、ガス会社の人に来てもらう日時を引越し前に予約しておきます。

転居後は、14日以内に市区町村役場に転入届を提出。転出届を行った際にもらった転出証明書を持参します。銀行やクレジットカード会社には住所変更の連絡を。運転免許証の住所変更は、引越し先を管轄する警察署などですることができます。

引越し前にする手続き

内容	届出先	手続きをする人	時期	備考
□転出届	引越し前の市区町村役場	すべて	引越しの14日前〜当日まで	※住民基本台帳カードを持っている人は郵送での手続きも可能
□健康保険の脱退手続き	引越し前の市区町村役場	国民健康保険の加入者で、他の市区町村に引越す人	引越しの14日前〜当日まで	※会社で健康保険に加入している人は、会社が手続きしてくれる
□郵便物の転送	引越し前の最寄りの郵便局	すべて	引越しの1週間前ぐらいまで	※最寄りの郵便局で転居届をもらい、ポストに投函してもよい

※電気・ガス・水道の使用停止と清算

もともとひとり暮らしの人が旧居を引き払って別の場所に転居する場合は、旧居での電気・ガス・水道の使用停止と清算の手続きが必要。それぞれ、引越しの1週間前くらいまでに管轄の電力会社、ガス会社、水道局に連絡をすると、引越し当日に係の人がメーターの確認や使用停止の手続きをしてくれる。

電気・ガス・水道等の使用開始

内容	届出先	手続きをする人	時期	備考
□電　気	引越し先を管轄する電力会社	すべて	引越し後できるだけ早く	※電気の使用を開始したら、備えつけの「電気使用開始はがき」に記入し、投函する。
□ガ　ス	引越し先を管轄するガス会社	ガスを使用する人	引越しの1週間前ぐらいまで	※使い始める前にガス会社による点火試験を行う。立会いが必要なので、日時の予約をしておく。
□水　道	引越し先を管轄する水道局	すべて	引越し後できるだけ早く	※水の使用を開始したら、備えつけの「水道使用開始申込書」に記入し、投函する。
□固定電話	引越し先を管轄する電話会社	固定電話、FAXを利用する人	引越しの1週間前ぐらいまで	※新規申し込みの場合は、申し込んでから工事完了まで1週間ほどかかるので、早めに手続きを。
□NHK	NHK	すべて	引越し後できるだけ早く	

引越し後にする手続き

内容	届出先	手続きをする人	時期	備考
□転入届	引越し後の市区町村役場	すべて	引越し当日～14日後まで	
□健康保険の加入手続き	引越し後の市区町村役場	国民健康保険に加入していて、他の市区町村から引越してきた人	引越し当日～14日後まで	

Check!

そのほかに住所変更の手続きが必要なもの

□運転免許証　□クレジットカード　□インターネットプロバイダ
□銀行　□生命保険・損害保険
など

引越しのスケジュール

引越しの前には、することがいっぱい！
順序をよく考え、ひとつずつ片付けていきましょう。

引越し前日までにしておくことは？

引越し当日は何かとバタバタするもの。スムーズにすませるためには、前もってきちんとスケジュールを立て、準備を進めておくことが大切です。

入居前に時間があれば、新しい部屋を掃除しておきましょう。前に住んでいた人が退去してからハウスクリーニングをしてあるのが普通ですが、空室になっている間にほこりがたまったりしていることも。家具がない状態で掃除をするチャンスなので、床の拭き掃除をしておくとさっぱりします。また、引越しの2～3日前までには、ご近所へのあいさつ回りのときに配る品物を用意しておきます。

当日までに現金を用意

前日までには荷造りをすませ、段ボール箱の数を確認。引越し業者に依頼している場合は、料金を当日支払うことが多いので、現金を用意します。作業中などに飲んでもらうための飲みものなども買っておくと喜ばれます。

荷物の積み忘れに注意！

引越しの当日、業者や手伝ってくれる友だちが到着したら、荷物を運び出す前に、取り扱いに注意が必要なものや自分で運びたいものなどについて打ち合わせをしておきます。搬出が終わったら忘れものがないことを確認し、引越し先へ。

引越し先では、まず段ボール箱の数をチェック。大きな家具・家電を運び込んでもらうときは、置き場所や向きを伝えます。業者に依頼している場合は、搬入が終わった時点で、積み残しがないことを確認するためにトラックの荷台の中を見せてもらえることもあります。作業がすべて終わったら、清算をすませて領収書を受け取ります。「ありがとうございました」「お疲れさまでした」など、ねぎらいの言葉を添えるのを忘れずに。

引越しの小ネタ

あいさつ回りの基本

○号室に
引越してきました
××と申します。
よろしくお願いします

いつ？ 引越し当日か翌日

だれに？ 両隣と上下階の住人、管理人

何を持っていく？ お菓子やタオルなど、500～1000円ぐらいの消耗品が一般的

引越し作業のスケジュール

引越し2週間前ごろから荷造りを開始。当日あわてないように準備を進めよう。

2週間前

○あまり使わないものの荷造りをスタート
○普段使うものも少しずつ荷造り開始

2～3日前

○新しい部屋の掃除をすませる
○あいさつ回りの品物を用意する

前日

○荷造り完了！現金を用意する

当日

○早めに起きて準備をすませる
○当日箱詰めするものは荷造りを
○貴重品を確認
○搬出＆搬入の打ち合わせ
○荷物の搬出
○忘れものがないかどうか、部屋をチェック

引越し業者や手伝ってくれる友だちが到着！

業者のトラックで運んでもらえるのは荷物だけ。自分の移動にタクシーなどを使う場合は、早めに配車を頼んでおく。

新しい部屋へGO!

○荷物が到着
○大きな家具・家電の位置や向きを指示
○搬入完了
○トラックの荷台をチェックし、積み残しがないことを確認
○清算をすませる
○レンタカーを借りた場合は、満タンにして車を返す

友だちに手伝ってもらった場合は、3000～5000円程度のお礼を包むか、ちょっと豪華な食事をごちそうしても。

小さなグリーンを育てよう

身近に植物があるのは、なぜか気分がよいもの。引越しの後、部屋がかたづいたら、小さなグリーンを飾ってみましょう。おすすめは、切花よりも鉢植え。長もちするだけでなく、育てる楽しさも味わえるからです。鉢植えを買うときに気をつけたいのが、育てる環境と植物の相性です。植物には、それぞれ育つのに適した環境があります。日当たりや風通しなどを考え、無理なく育てられるものを選びましょう。

おすすめの植物いろいろ

ハーブ

ペパーミントやローズマリーなどのハーブは、丈夫で育てやすい。もちろん食べてもOK。

多肉植物

サボテンなどは乾燥に強いので、水やりを忘れてしまいがちな人にもおすすめ。種類によって形もさまざま。

ミニ野菜

ひと口サイズの小さな野菜。ベランダなどで育てて、料理に使える。

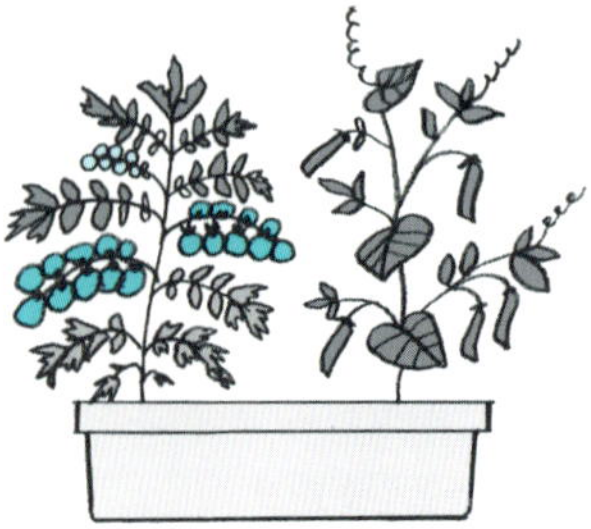

観葉植物

葉の色や形が美しく、インテリアのポイントにもぴったり。種類によって、好む環境や育て方はさまざま。

第3章 ひとり暮らしの家事［料理編］

楽しく健康的にひとり暮らしを続けるためには、
食生活の管理が重要なポイントになってきます。
「これまで食事を作ったことがほとんどない」という人も、
道具や食材選びのコツ、調理法など、料理の基本を身につけましょう。
手間をかけずに自炊するアイデアもいろいろとあります。

栄養の基本

「食べること」は、健康な体づくりにつながります。
ひとり暮らしを楽しむためにも、体にやさしい食事を心がけましょう。

いろいろな食品をバランスよく食べよう

ひとり暮らしを始めるとき、ちょっとお勉強しておきたいのが「栄養」のこと。自炊する人はもちろん、外食や中食（市販のお弁当やお惣菜を買ってきて食べること）が多い人も、基本を知っておくとメニュー選びに役立ちます。

健康のために心がけたいのは、「いろいろな種類の食品を食べる」こと。好きなものばかり食べたり、反対にダイエットを意識しすぎて「油抜き」「炭水化物ゼロ」のような食事をしたりするのはよくありません。人の体に必要なのは、5種類の栄養素（たんぱく質、炭水化物、脂肪、ビタミン、ミネラル）＋食物繊維。これらの栄養素は、体内でおたがいの働きを助けたり高めあったりしています。そのため、何かがたりなかったり多すぎたりすると、体調をくずす原因になることがあるのです。

外食・中食はメニュー選びに注意

外食や中食が中心の人は、野菜不足に注意します。理想は「主食＋主菜（肉や魚などの料理）＋副菜（野菜が中心の料理）」を組み合わせた定食のようなメニューですが、現実には毎日定食を食べるのは難しいもの。丼ものやめん類を食べるときは野菜のおかずを組み合わせるなど、日ごろから意識して野菜を多くとるようにします。どうしても食事からとれないときは、野菜ジュースやサプリメントなどで補いましょう。

また、揚げものがメインの食事にも注意。脂肪はエネルギー量が多いため、とりすぎると肥満の原因になってしまいます。将来、メタボ予備軍にならないためにも、カツ丼よりは定食、市販のお弁当よりはおにぎり＋お惣菜、のように、日ごろからエネルギーのとりすぎを防ぐ工夫もしていきましょう。

ひとり暮らしの小ネタ

1日に必要なエネルギーって？

1日に必要なエネルギー量は、年齢、性別、体の大きさ、生活の様子などによって違います。たとえば身長175cmで適度に外出もする会社員なら、2000～2400kcalぐらいが目安になります。

体に必要な栄養素・成分とは?

栄養の基礎知識を身につけて、健康管理をしっかりしよう。

栄養素・栄養成分		おもな働き	多く含まれる食品
たんぱく質		筋肉や血液の原料になる。	肉、魚介、卵、豆類　など
脂肪		体のエネルギー源になる。 細胞膜やホルモンの成分になる。	植物油、バター、 肉や魚の脂肪　など
炭水化物		体のエネルギー源になる。 脳の栄養源になる。	ごはん、パン、めん　など
ビタミン	ビタミンA	目や粘膜を健康に保つ。	レバー、緑黄色野菜　など
	ビタミンB_1	炭水化物をエネルギーに変える。	豚肉、ナッツ　など
	ビタミンB_2	脂肪をエネルギーに変える。	魚介、牛乳　など
	ビタミンB_6	たんぱく質をエネルギーに変える。	さんま、かつお　など
	ビタミンB_{12}	血液をつくる働きに関わる。	しじみ、あさり　など
	ナイアシン	肌や粘膜を健康に保つ。	たらこ、豚肉　など
	葉酸	貧血を予防する。	野菜、豆　など
	ビオチン	肌を健康に保つ。	卵、レバー　など
	パントテン酸	たんぱく質などをエネルギーに変える。	レバー　など
	ビタミンC	肌を健康に保ち、免疫力を高める。	野菜、くだもの　など
	ビタミンD	歯や骨を丈夫にする。	さけ、干ししいたけ　など
	ビタミンE	老化の原因となる活性酸素を取り除く。	植物油、緑黄色野菜　など
	ビタミンK	骨を丈夫にする。	納豆、モロヘイヤ　など
ミネラル		体調の維持に役立つ。	種類が豊富で、さまざまな食品に含まれている。
食物繊維		腸を健康に保つ。	野菜類、海藻類　など

そろえたい調理用具

健康のためには、自炊をするのがおすすめ。
基本的な調理用具をそろえ、できるところから始めてみて！

最初にすべてそろえるより少しずつ買い足して！

自炊をするためには、ある程度の調理用具をそろえる必要があります。お料理の初心者なら、まずは必要最低限のグッズだけを用意して。後は、実際に調理するときに必要を感じたものを買い足していきましょう。最初にすべてそろえてしまうと、自分には必要ないものや使い勝手がよくないものを選んでしまうことがあるからです。

とくに注意したいのが、フードプロセッサーやジューサーなどの器具。たしかにあると便利ですが、キッチンで場所をとる、後片付けに手間がかかるなどのデメリットもあります。実際にはあまり使わず、しまいこんでしまう人も少なくありません。ひとり暮らしのキッチンは、スペースも限られている場合がほとんど。本当に使うかどうかをよく考え、不用なものは持たないことが大切です。

キッチンに欠かせない消耗品

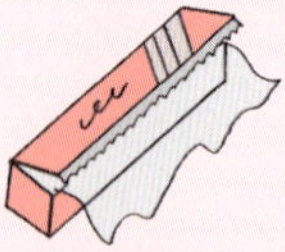

ラップ
食材の保存や、
電子レンジ調理に。

食器洗い用スポンジ
食器用洗剤
毎日の食器洗いに。スポンジはこまめに取り替えて。

除菌・漂白剤
スポンジやふきん、
まな板などの殺菌・漂白に。

キッチンペーパー
食材の水けをふいたり、
揚げものの油をきったりするときに。

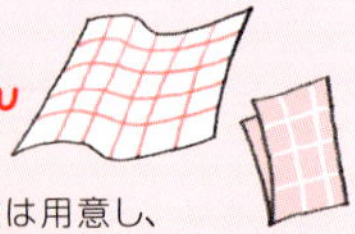

食器用ふきん
台ぶきん
それぞれ3〜4枚は用意し、
使った後は洗って天日干しを。

最初に用意したいものは?

これだけあれば、基本的な調理はばっちり。どんどん自炊をしよう。

包丁

刃先がとがった三徳包丁なら、どんな食材にも使える。刃は、手入れが簡単なステンレス製がよい。

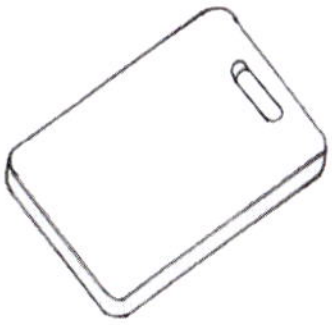

まな板

軽くて乾きやすく、漂白剤も使えるプラスチック製を。小さすぎると使いにくいので、長さが30cmぐらいはあるものがおすすめ。

フライパン

焦げつきにくく手入れも簡単なフッ素樹脂加工のものを。直径24～26cmぐらいで深さがあるものなら、煮ものや揚げものにも使える。

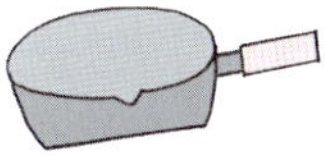

片手鍋

野菜をゆでたり汁ものを作ったりするときに。ステンレスやアルミニウム製など、薄手で軽いものが使いやすい。

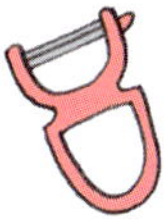

ピーラー

野菜の皮を薄くむくための器具。いろいろな形のものがあるが、お料理初心者には、手前に引いて使うタイプがおすすめ。

おろし器

プラスチック、アルミニウム、セラミック製など、素材や形はさまざま。収納スペースなどを考えて選んで。

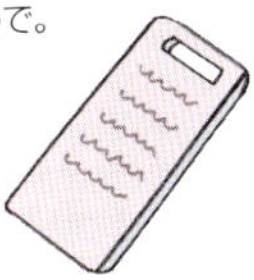

キッチンばさみ

ステンレス製で、分解して丸洗いできるものを。食材を切ったり、食材のパッケージを開けたりするのに便利。

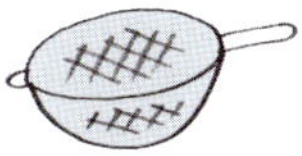

ざる

汚れやにおいがつきにくいステンレス製のものがおすすめ。目が細かく、持ち手がついているものが便利。

計量カップ

1カップ200mlのものが一般的。ガラスやプラスチックの透明なものが使いやすい。

ボウル

電子レンジにも使える耐熱ガラス製のものが便利。

おたま

汁ものをすくうときに。浅めで、持ち手が耐熱性のものがよい。

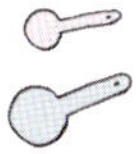

計量スプーン

大さじ(15ml)と小さじ(5ml)を用意する。ステンレス製やプラスチック製があるので、好みのものを。

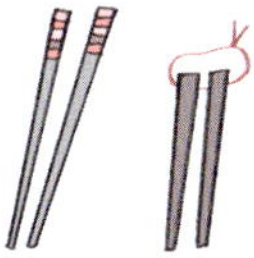

菜ばし

木製で、使いやすい長さのものを選ぶ。揚げもの用に、長めのものも1組用意しておくとよい。

フライ返し

食材をひっくり返したり、食器に移したりするときに。どんな鍋・フライパンにも使えるフッ素樹脂加工のものがおすすめ。

そろえたい食器類

最初に買う食器は、シンプルで実用的なものを。
色やデザインもある程度統一しておくとよいでしょう。

最初はシンプルなものを少しだけそろえよう

あまり料理をしない人にも、食器類は必要です。調理器具と同様、食器類も最初は必要なものだけをそろえ、後から少しずつ買い足していきましょう。

食器類は、とりあえず2人分買っておくと便利です。自分の好みがはっきりわかっている場合を除き、まずは無地で、デザインもシンプルなものを選ぶのがおすすめ。和食・洋食を問わずいろいろな料理に合うだけでなく、定番のデザインなら後から同じものを買い足せることが多いからです。

大事なのは実用性！

食器類は、デザインが気に入っていても、使い勝手が悪いと結局使わなくなってしまいます。めったに使わないのに場所を占める食器類が増えると、ごちゃごちゃになってキッチンまわりが片付かない原因になります。使い道をよく考えて食器を選びましょう。

たとえば、どんぶりは、ごはんやめん類を入れるだけでなく、ちょっとしたボウルがわりにも使えて重宝。グラスは耐熱のものを選べば、温かい飲み物にも冷たい飲み物にも使えます。電子レンジで加熱することができるかなど、実用性もチェックしましょう。

収納スペースに合わせて食器を買おう

食器類を買うときは、収納スペースのことも考えて。食器類を限られたスペースにすっきり収まるだけの分量にとどめることが、出し入れしやすく、きれいを保つポイントです。

また、コンパクトに収納する基本は、「重ねる」ことです。皿はもちろん、カップやグラス類も重ねることを考えてデザインされたものを選ぶと、省スペースに役立ちます。

あると楽しいアイテム

はし置き
デザインが豊富なので、気に入ったものを集めてみても。

調味料入れ
塩、こしょう、しょうゆなど、テーブルで使いたい調味料を小分けしておく。

ランチョンマット
食器がシンプルでも、ランチョンマットの色やデザインで食卓の雰囲気に変化をつけられる。

そろえておくと便利な食器類

自炊に慣れてきたら、少しずつ食器類をそろえていこう。

ごはん茶碗

いろいろなサイズがあるので、自分好みのものを選ぼう。

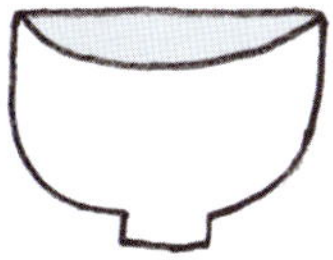

どんぶり

めん類のほか、サラダなどを盛り付けるのにも使える。

おわん

みそ汁など、器から直接飲むものには、木製のおわんがよい。

ポット

コーヒー、紅茶のほか、緑茶を入れるときにも。

グラス

熱い飲みものが入れられるものが便利。

マグカップ

コーヒー、紅茶、お茶、カップスープなど何にでも使える。

ボウルまたは小鉢

汁けのあるおかずを盛り付けるために。

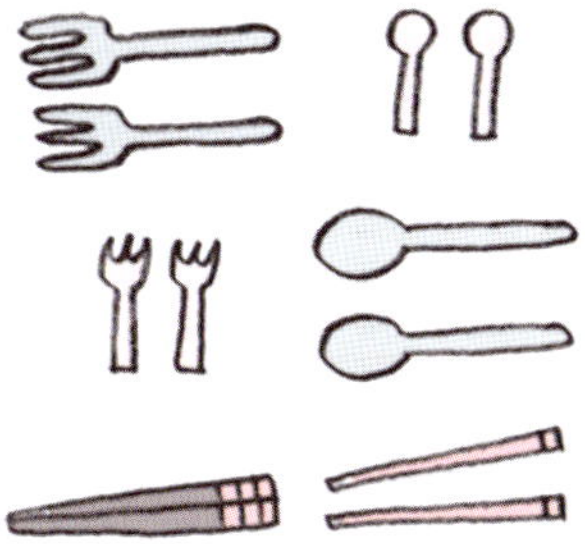

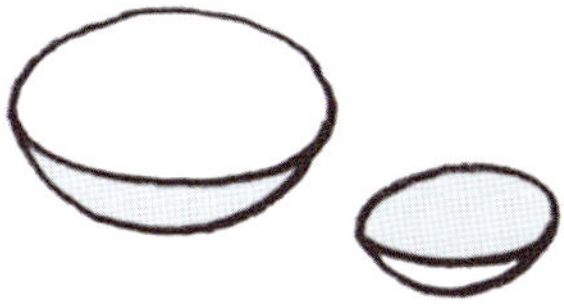

平皿（大・小）

少し深さのあるものを選べば、カレーなどを食べるときにも使える。

カトラリー類

はし、スプーン、フォーク。スプーンとフォークは小さいものも用意しておくと、お菓子を食べたりするときに便利。

そろえたい調味料

自炊をするなら、欠かせないのが調味料。
自分なりの使い方で、新しい味に挑戦してみるのもよし。

好みに合わせて そろえておくと楽しい！

調味料は、料理のバリエーションを広げてくれる強い味方。ある程度の種類をそろえておくと、作る楽しみも食べる楽しみも大きくなります。塩や砂糖などは品質がかわりにくいので、多めに買っておいても大丈夫。でも、液体の調味料や油などはおいしく食べられる期間が限られています。ひとり暮らしだと使う量は限られているので、少量ずつ買うようにしましょう。また、いったん開封したものはその後の保存にも注意。きちんとふたを閉め、容器に書かれている「保存方法」を守って保存しましょう。

和食の場合、調味料の基本は「さしすせそ」。これは、砂糖、塩、酢、しょうゆ（せうゆ）、みそから1文字ずつとったものです。味のしみこみ方に違いがあるので、煮ものを作るときにはこの順に加えるとよいといわれています。

基本的な調味料は？

料理のバリエーションが広がる調味料をそろえて、使いこなそう。

砂糖

もっとも一般的なのが上白糖。このほか、三温糖や黒砂糖、お菓子作りによく使われるグラニュー糖などもある。

塩

精製塩やあら塩のほか、ミルなどで砕いて使う岩塩もある。

酢

何にでも使えるのは、穀物酢や米酢。こくのある黒酢や、フルーティなワインビネガーなども。

みそ

米、大豆、麦などから作られ、味や色もさまざま。

しょうゆ

一般的なのは濃い口しょうゆ。関西では色が薄いうす口しょうゆもよく使われる。

あると便利な調味料

スープの素
洋風の料理にはコンソメ、中華風の料理には鶏がらスープの素などがおすすめ。

カレー粉
カレーを作るときのほか、炒めものなどに少量加えても。

ナンプラー（ニョクマム）
魚から作られたしょうゆのような調味料。エスニック料理に欠かせない。

マヨネーズ
生野菜などにつけるほか、炒めものなどに使っても。

豆板醤
中華風のピリ辛味に仕上げたいときに。

ゆずこしょう
ゆずの香りとピリッとした辛みが特徴。あえものやドレッシングなどに。

ソース
とろっとして甘みの強い中濃ソース、さらっとしたウスターソースなど、いくつかの種類がある。

わさび、からし
風味や辛みを添えるときに。チューブ入りの練ったもののほか、水で溶いて使う粉末も。

ハーブ、スパイス類
種類が豊富なので、好みに合うものを。

ケチャップ
トマトに調味料とスパイスを加えたもの。トマトを煮詰めただけのものは「トマトピューレ」。

マスタード
香りのよい洋風のからし。ペースト状のものや、粒が残ったものがある。

酒
日本酒または料理酒。料理酒には塩が入っているので、ほかの調味料を調節する。

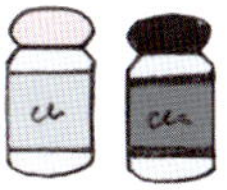

こしょう
黒こしょうと白こしょうがあり、黒こしょうのほうが香りや辛味が強い。粉末、あらびき、ミルで砕いて使うホールなどがある。

油
クセのないサラダ油のほか、ごま油やオリーブオイルなど。

だしの素
かつおをはじめ、昆布、煮干し、2種類以上合わせたものなど、味のバリエーションが豊富。粉末、紙パック入り、液体などがある。

みりん・みりん風調味料
料理にうまみと甘みを加え、つやよく仕上げる。

食材の選び方＆保存法

スーパーで、食材を適当に選んでいませんか？
毎日の買いものにもそれなりのテクニックが必要です。

食品の表示は必ずチェック

おいしいごはんを作るためには、よい食材を選ぶことも大切です。新鮮で品質のよいものを見きわめるポイントは、第一に表示をきちんと確認すること。スーパーマーケットなどで売られている食品は、容量や賞味期限（肉や魚介などいたみやすいものは消費期限）、産地などがわかるようになっています。買いものをするときは、まず表示をチェック。鮮度などを確認したうえで、よりおいしそうなものを選びましょう。

新鮮さを見分けるには？

パック入りの肉や魚介は、パックの中にドリップ（肉などから出た水分）がたまっていないことが新鮮さの目安。野菜は、葉や茎にハリがあってみずみずしいものを選びましょう。季節を問わず手に入る食材が増えましたが、野菜や果物、魚介などには「旬」があります。旬の食材はおいしくて栄養もたっぷり。出回る量も多くなるため、値段も安くなります。季節に合わせて、旬の食材を積極的に使いましょう。

食品はラップで包んで冷蔵庫へ

ひとり暮らしの場合、買ってきた食材を1日で使いきるのは難しいもの。翌日以降もおいしく食べるため、保存のコツを覚えておきましょう。

メーカーや機種による違いはありますが、冷蔵室の温度は約3～5℃。野菜室がついている場合は冷蔵室より少し温度が高く、湿度も高めになっています。食品はラップで包んだり密閉容器に入れたりして、野菜は野菜室、肉や魚介は冷蔵室（あればチルド室やパーシャル室）に入れておくのが基本。ただし、いも類など低温に弱い野菜は冷蔵庫には入れず、室内の風通しのよいところなどで保存します（室温が高くなる真夏などを除く）。

ひとり暮らしの小ネタ

消費期限と賞味期限の違い

肉や魚介に表示されている「消費期限」は、安全に食べられる期間のこと。消費期限をすぎると食中毒を起こす可能性もあります。「賞味期限」は、開封せずに保存したときにおいしく食べられる期間。開封したものには当てはまらないので注意しましょう。

食材の選び方&保存法は?

ひと手間かけることによって、おいしさを長く保つことができる。

種類	選び方	鮮度を保つ保存法
牛・豚薄切り肉	ドリップがなく、脂肪の色がきれいなもの。肉と肉が重なった部分が黒っぽいのは空気に触れなかったせいで、傷んでいるわけではない。	パックから出してラップでぴっちり包み、冷蔵室へ。
鶏肉	ドリップがなく、肉につやがあるもの。皮付きの場合、皮が黄色っぽいもののほうが新鮮。	パックから出してラップでぴっちり包み、冷蔵室へ。
ひき肉	ドリップがなく、肉につやがあるものを。黒っぽく変色しているものは避ける。	パックから出してラップでぴっちり包み、冷蔵室へ。
一尾魚	ドリップがなく、目がきれいに澄んでいて身にハリがあるもの。	頭と内臓をとって水洗いし、水けをふく。キッチンペーパーを敷いた皿にのせ、ラップをかけて冷蔵室で保存。
切り身魚	ドリップがなく、身につやがあるもの。ぶりなど血合いがあるものは、血合いの色が鮮やかなものがよい。	パックから出してキッチンペーパーで包み、さらにラップでぴっちり包んで冷蔵室へ。
青菜	茎が太くてハリがあるもの。葉先が変色しているものは避ける。	湿らせた新聞紙やキッチンペーパーで包み、ポリ袋に入れて野菜室へ。
キャベツ	冬は巻きがかたいもの、春は巻きがゆるいものを選ぶ。カットしてある場合は、切り口が盛り上がっていないものがよい。	丸ごとのものは芯をくり抜き、湿らせたキッチンペーパーを詰める。ポリ袋などに入れて野菜室で保存。カットしたものはラップで包んで野菜室へ。
じゃがいも	ふっくらとして、皮に傷がないもの。	かごなどに入れ、室内の風通しのよいところで保存。
玉ねぎ	皮がパリッと乾燥しているもの。緑色の芽が出ているものは避ける。	かごなどに入れ、室内の風通しのよいところで保存。使いかけのものは、ラップでぴっちり包んで野菜室へ。
もやし	太くて白く、ハリがあるもの。先端の細い根が変色しているものは避ける。	パックのまま野菜室で保存する。
大根	葉の切り口が変色していないもの。	葉の部分を切り落とし、ラップでぴっちり包んで野菜室で保存。
きのこ	かさや軸が折れていないもの。しいたけは、かさが開きすぎていないものがよい。	ポリ袋に入れ、野菜室で保存。
きゅうり	色が濃く、いぼがとがっているもの。	ポリ袋に入れ、野菜室で保存。
グリーンアスパラガス	まっすぐで、穂先が開いていないもの。根元の切り口が変色しているものは避ける。	湿らせたキッチンペーパーで包み、ポリ袋に入れて野菜室で保存。

買いもののコツ

上手に買いものをしないと、自炊にも意外にお金がかかります。賢い買いもののポイントは、食材をムダにしないことです。

食材をしっかり使いきる工夫をしよう

自炊は「食事にお金がかからない」イメージがありますが、これは食材を使いきれる場合のお話。買った食材を捨ててしまうことが多いと、外食や中食よりお金がかかってしまうこともあります。

スーパーマーケットなどでは、ほとんどの食材はある程度の量でまとめて売られています。一度で食べきれない場合、同じ食材を何度かに分けて食べることに。とくにいたみやすいものの場合、同じ食品を続けて食べなければなりません。飽きずにおいしく食べるためには、調理法やほかの食材との組み合わせに工夫が必要です。料理のレパートリーが少ないうちは、食べたいものを何となく買ったり、安くなっていたからと大量に買い込んだりするのはムダのモト。1週間単位ぐらいで大まかな献立を考えておき、それに合わせて買いものをしていきましょう。

献立&買いものの例

ひとつの食材をいろいろな料理に使って、飽きずに使いきる工夫をしよう。

	買うもの（生鮮食品）	夕食の献立
月曜日	さけ1パック（2切れ） にんじん1袋（3本） いんげん1袋 玉ねぎ1袋（3個） トマト1パック（2個）	**さけのムニエル** さけ 1切れ　にんじん 1/2本 いんげん 1/4袋 **野菜スープ** 玉ねぎ 1/2個　トマト 1/2個
火曜日	大根（1/2本） レタス（1個）	**さけと大根の煮もの** さけ 1切れ　使いきり！ 大根 1/3本（買った量の2/3） **野菜サラダ** レタス 1/4個　トマト 1/2個

	買うもの（生鮮食品）	夕食の献立
水曜日	卵（6個） ウインナーソーセージ 1袋	**卵とレタスのチャーハン** 卵 1個 レタス 1/2個 **ポトフ風スープ** 玉ねぎ 1/2個 トマト 1/2個 ウインナーソーセージ 1/2袋 にんじん 1/2本
木曜日	豚薄切り肉 1パック にら 1束	**肉にら炒め** 豚薄切り肉 1/2パック 玉ねぎ 1/2個 にら 1/2束 **にんじんサラダ** にんじん 1/2本 トマト 1/2個 使いきり！ レタス 1/4個 使いきり！
金曜日	じゃがいも 1袋（4個）	**肉じゃが** 豚薄切り肉 1/2パック 使いきり！ じゃがいも 2個 玉ねぎ 1/2個 にんじん 1/2本 **いんげんのごまあえ** いんげん 3/4袋 使いきり！ **みそ汁** 大根 1/6本 使いきり！ にら 1/2束 使いきり！

未使用食材
にんじん 1本 玉ねぎ 1個 じゃがいも 2個
ウインナーソーセージ 1/2袋→朝食に！ 卵 5個→朝食に！

ポイント
・肉や魚介は、買った翌日には使いきる。
・葉野菜は早めに使う。
・いもや根菜、卵などは、日持ちするので、長めに保存しても大丈夫。

同じ食材を飽きずに食べるコツ！

調理法や味つけをかえて、いろいろな料理を楽しもう。

調理法をかえる

例＞さけの切り身
グリルで焼く、
フライパンで焼く、
揚げる、蒸す、
ホイル焼き など

ほかの食材と組み合わせる

例＞豚ひき肉
ひき肉メイン＝ハンバーグ、
＋豆腐＝麻婆豆腐、
＋キャベツ＝ロールキャベツ
など

味つけをかえる

和風、洋風、中華風、
エスニック など

ごはん＆みそ汁の基本

ごはん＆みそ汁は、超簡単だけど
毎日でもおいしく食べられるうれしいメニューです。

ごはん&みそ汁の作り方をマスターしよう！

毎日の食事の基本は、ごはん＋みそ汁。料理が得意ではなくても、これだけは覚えておきましょう。ごはんはお米をといで炊飯器に入れ、スイッチを入れればOK。でも、ちょっとしたコツを覚えておけば、よりおいしく炊くことができるのです。こまめに炊くのが面倒なら、一度に多めに炊き、残ったごはんは一食分ずつラップで包んで冷凍を。電子レンジで解凍すればおいしく食べられます。

みそ汁も、とても簡単な料理。だしをとるのが面倒なら、市販のだしの素を使ってもかまいません。具にもとくに決まりはないので、自分の好きなものを入れてオリジナルのみそ汁を作ってみましょう。冷蔵庫に入っている半端な残り野菜などを入れてしまうのもおすすめです。具だくさんにすれば、栄養たっぷり&おなかも満足する汁おかずになります。

ごはんの炊き方

ごはんがおいしく炊ければ食事が充実。炊く前にとぐ必要がない無洗米を使えば、ごはんを炊くのがもっと手軽になる。

1. 米用の計量カップ（１カップ180ml）で米を計り、ボウルに入れる。１合はカップにすりきり１杯分。

米用の計量カップは、炊飯器についていることが多い。

2. たっぷりの水を一気に注ぎ、全体をざっと混ぜてすぐに水を捨てる。

最初の水はぬかを多く含んでいるので、すぐに捨てないと米にぬかのにおいがついてしまう。

3. てのひらで米をすくって返し、米と米をこすり合わせるようにしてとぐ。

時間があるときは米をざるに移し、30分ほど時間をおくとよい。

4. 水を注ぎ、軽く混ぜて水を捨てる。 → 5. ③〜④をもう一度繰り返す。

6. 米を炊飯器の内釜に入れ、米の量に合わせて水を注ぐ。

7. 30分ほど時間をおいてからスイッチを入れて炊く。

水の量は内釜の目盛りを目安にする。

みそ汁の作り方

みそ汁には、ごはんに足りない栄養素を補足する役割もある。作り方をマスターしよう。

昆布とかつおのだし汁を作る

1 鍋に水と昆布を入れて15分ほど時間をおく。

2 ①を弱火にかけ、沸騰直前に昆布を取り出し、削り節を入れる。

3 沸騰したら火を止め、削り節が沈むまで待つ。

4 別の鍋やボウルにざるを重ね、③を注いでこす。

※水２カップに対して昆布（約５×５cm）１枚、削り節10ｇを目安にするとよい。

煮干のだし汁を作る

1 煮干の頭と内臓をとる。指で簡単にとることができる。

2 鍋に水と①を入れて火にかけ、沸騰したら中火にして10分ほど煮る。

3 別の鍋やボウルにざるを重ね、②を注いでこす。

★市販のだしの素を、分量のお湯に溶かしてだし汁を作ってもよい。

みそ汁を作る

1 鍋にだし汁を入れ、具を加えて煮る。いもや根菜はだし汁が冷たいうちに、葉野菜など火が通りやすいものは沸騰してから加える。

2 具に火が通ったら、みそを加えて溶かす。みそは玉じゃくしに入れ、少量のだし汁を加えて菜ばしで溶かしてから鍋に入れる。

めんのゆで方

毎日の食事に変化をつけたいときは、主食をめん類にチェンジ。
組み合わせる具を工夫すれば、ボリュームのある１皿になります。

ゆで時間はパッケージの表示時間を目安に

めん類は、ひとり暮らしの強い味方です。うどん、そば、そうめん、パスタなど種類も豊富。どれも数分でゆであがるので、ごはんを炊くのが面倒なときにも便利です。めんだけでは栄養バランスが偏ってしまいますが、野菜をたっぷり組み合わせれば、ひと皿でバランスのとれた料理になります。

めんのタイプは、ゆでめん、生めん、冷凍めん、乾めんなど。冷凍めんや乾めんは正しく保存すれば日持ちするので、買いおきしておいてもよいでしょう。

めんのゆで時間は、めんの種類やタイプ、太さによって違います。まず最初は、パッケージに書いてある「ゆで時間」の通りにゆでてみて。めんは長くゆでるほどやわらかくなるので、２回め以降は自分の好みに合わせてゆで時間を調整していきましょう。

いろいろあるめんの種類

めんの種類はいろいろ。冷凍めんや乾めんは保存がきくので、ひとり暮らしではあると重宝。

ゆでめん

めんをゆでたもの。
さっとゆでるだけで使える。
熱いかけうどん（そば）などにするときはだし汁に直接加えてもよい。

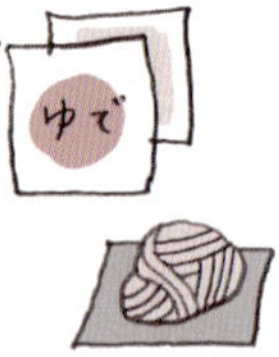

生めん

めんが打ちあがった状態のもの。

冷凍めん

めんをゆでてから冷凍したもの。
さっとゆでるだけで使える。
熱いかけうどん（そば）などにするときはだし汁に直接加えてもよい。

乾めん

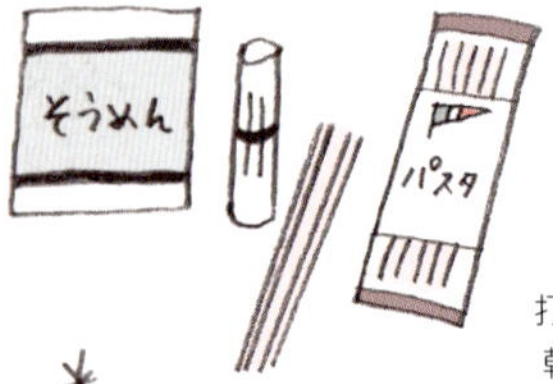

打ち上げためんを乾燥させたもの。
コシが強く、日もちする。

めんのゆで方の基本

めんをゆでるときはたっぷりのお湯を使い、めんを入れたらすぐにかき混ぜるのがコツ。

パスタのゆで方

1 鍋にたっぷりのお湯を沸かし、塩を加える。塩の量は水１リットルに塩大さじ１を目安に。

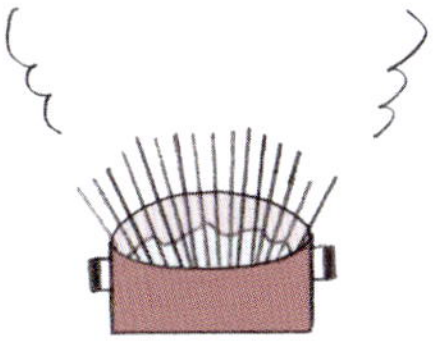

2 鍋の縁にそって広げるようにパスタを入れる。

3 めんがくっつかないように菜ばしで混ぜる。

4 もう一度沸騰したら少し火を弱め、ときどき菜ばしで混ぜながらゆでる。

5 ゆであがったらざるに上げ、水けをきる。

乾めん(そば、うどんなど)のゆで方

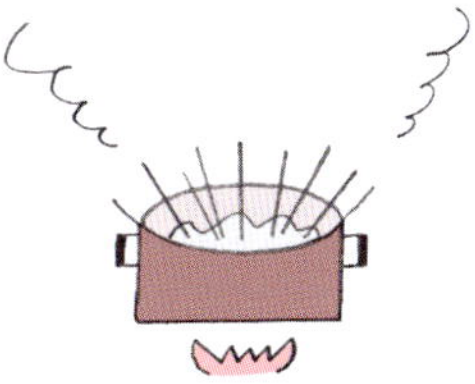

1 鍋にたっぷりのお湯を沸かし、沸騰したらめんを入れる。

2 めんがくっつかないように菜ばしで混ぜる。

3 もう一度沸騰したら吹きこぼれない程度に火を弱め、ときどき菜ばしで混ぜながらゆでる。

4 ゆであがったらざるに上げ、すぐに冷水をかけながらぬめりがなくなるまでもみ洗いする。

野菜の切り方

**素材や調理法に合った切り方を覚えておくと
料理の味も見た目もワンランクアップします。**

正しく切ることで料理がおいしくきれいに！

野菜の下ごしらえの基本は、水洗いして土やほこりを落とし、皮をむいたり食べやすく切ったりすること。野菜にはいろいろな切り方がありますが、これは調理方法に合わせて切り方をかえることで、料理をよりおいしくきれいに仕上げることができるためです。また、それぞれの食材の形に合わせて、ムダなく使うことも考えられています。

　料理の本などを見ながら作るときは、レシピ通りの切り方をするのが基本。素材の大きさや形によって味のしみこみ方などが違うため、切り方をかえると仕上がりが微妙に違ってしまうことがあるからです。でも、料理になれてきたら自分流のアレンジもＯＫ。野菜は薄く小さく切るほど火が通りやすく、味もしみこみやすくなるので、急いでいるときは小さく切るなどの工夫をしてみましょう。

野菜を切る前の準備

野菜の下ごしらえによって料理の味がかわってくることも。少しだけ手間をかけて料理をおいしくしよう。

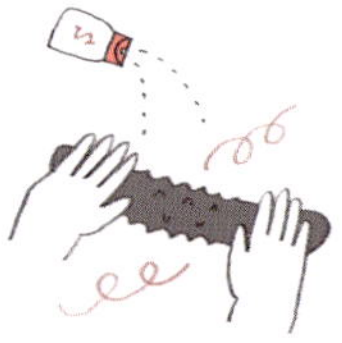

きゅうり・オクラ

まな板にのせ、塩をふって軽く転がし、水洗いする。

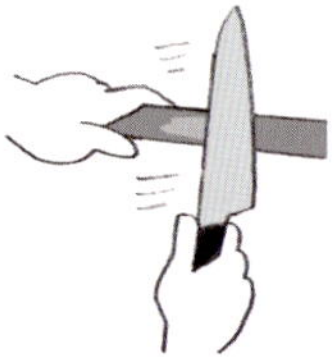

ごぼう

水洗いして泥を落とす。まな板にのせ、包丁の背で表面をこすって皮をこそげ取る。

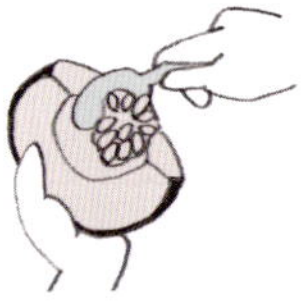

かぼちゃ

スプーンで種とワタをかき取る。

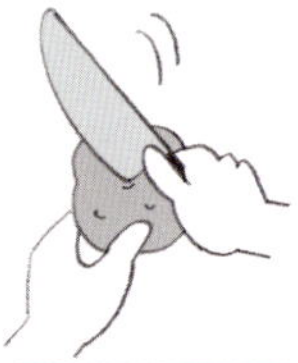

じゃがいも

包丁やピーラーで皮をむき、包丁の刃の付け根の角をさしこんで芽をくりぬく。

きぬさや・スナップえんどう

ヘタを折り、そのまま軽く引いてスジを取る。

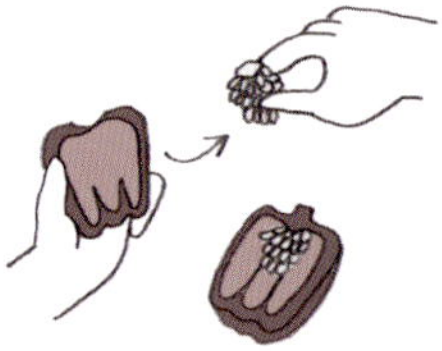

ピーマン・パプリカ

縦半分に切り、手で種とヘタを取る。

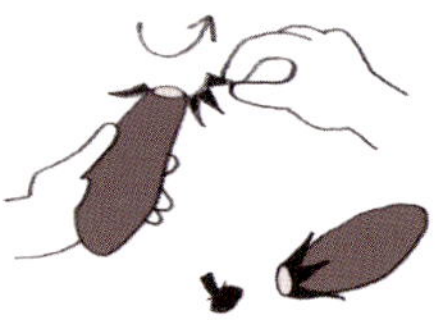

なす

ガクの上からへたの根元を切り落とし、手でガクをむく。

よく使われる切り方

野菜の切り方はいろいろ。調理方法によって切り方をかえよう。

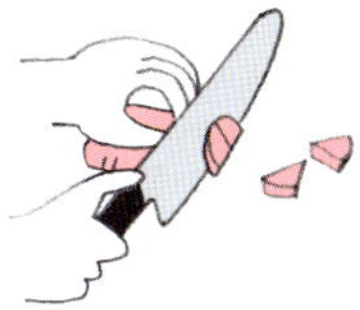

いちょう切り

切り口が丸い野菜を
縦半分に切り、
さらに縦半分に。その後、
端から厚さを
そろえて切る。

半月切り

切り口が丸い野菜を
縦半分に切り、
さらに端から厚さを
そろえて切る。

輪切り

切り口が丸い野菜を、
端から厚さを
そろえて切る。

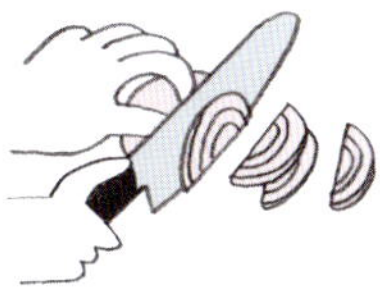

薄切り

野菜を、
端から薄く切る。

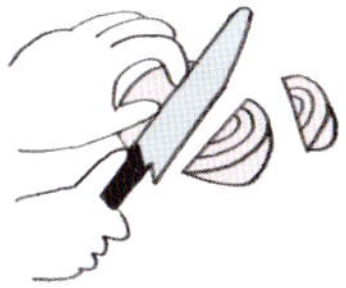

くし形切り

玉ねぎやトマトなど
丸い形の野菜を
縦半分に切る。切り口を下に
してまな板に置き、
中心に向かって斜めに切る。

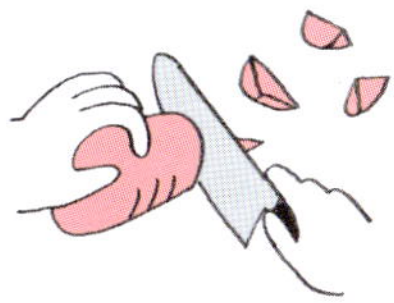

乱切り

野菜に斜めに
包丁を入れて切り、
1回切るたびに野菜を
手前に回す。

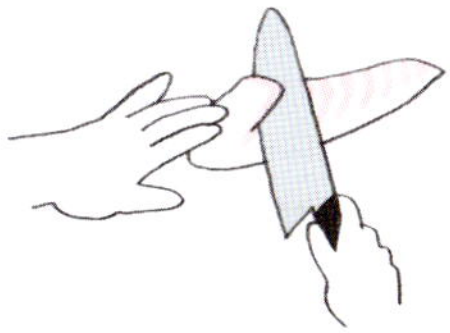

そぎ切り

肉や魚などに包丁を
斜めに寝かして当て、
薄く切る。

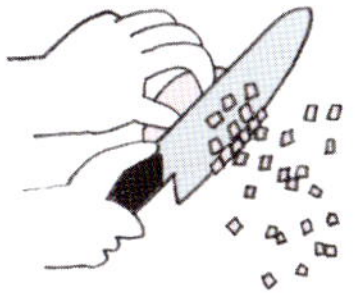

みじん切り

せん切りにしたものを、
さらに端から細かく切る。

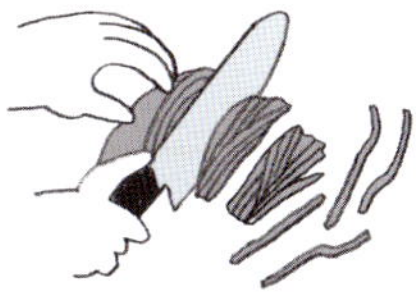

せん切り

薄切りにした野菜を
少しずつずらして並べ、
端から細く切る。

加熱方法のいろいろ

煮る、炒める、焼く、揚げる…。
料理上手めざして、いろいろな加熱方法にチャレンジを！

加熱方法を変えれば味や食感も変わる

どんなにおいしいごはんでも、毎日同じようなメニューでは食べあきてしまいます。食事に変化をつけるためには、調理方法にも工夫が必要。とは言っても、それほど難しく考える必要はありません。同じ食材でも、加熱方法を変えるだけで味や食感は大きく変わるもの。ゆでる、焼く、揚げるなどの方法を使い分けることで、メニューの幅も広がります。

家庭料理は自由にアレンジすることができるので、「この食材には、絶対にこの加熱方法！」のようにかた苦しく考えなくても大丈夫。でも、よりおいしくきれいに仕上げるためには、ちょっとしたコツがあります。また、加熱方法によって調理にかかる時間や、できあがる料理のエネルギー量なども違います。それぞれの特徴やコツをきちんと知って、自分なりに使い分けていきましょう。

加熱方法を使い分ける!

加熱方法をかえて料理をアレンジ。毎日の食事に変化をつけよう。

煮る

だし汁やスープ、水に調味料を加えた煮汁などに素材を入れて加熱する。食材に煮汁の味をしみ込ませることができる。

Point
煮くずれしたり煮こぼれしたりしないよう、火加減に注意。味をしみこませたいときは落としぶたを。

ゆでる

水やお湯に食材を入れて加熱する。食材のアクや余分な脂肪を取り除くのに役立つ。

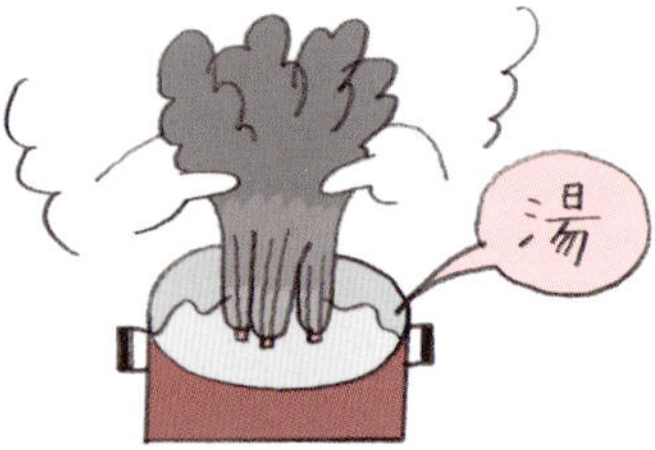

Point
根菜やいもは水からゆで、葉野菜などは沸騰したお湯でゆでるのが基本。

炒める

油を引いたフライパンなどで食材を加熱する。
食材に油がからみ、うまみが増す。

Point

シャキシャキした歯ごたえを残したい野菜などは強火で炒め、火を止める直前に味付けを。

焼く（フライパンで焼く）

油をひいたフライパンなどに素材をのせて加熱する。食材に油のうまみが加わり、表面に香ばしいこげめができる。

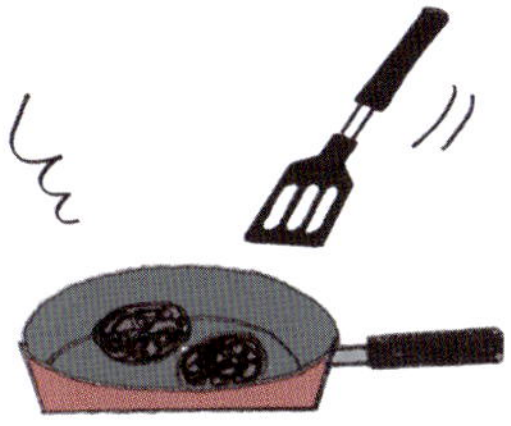

Point

厚みのあるものに中まで火を通したいときは、火を弱めてじっくり加熱する。

揚げる

熱した油の中で食材を加熱する。
食材のうまみが逃げず、
ころもをつけると香ばしさも加わる。

蒸す

高温の蒸気で食材を加熱する。
食材のうまみや栄養素を逃がさない。

Point

ふたをふきんで包むと、食材に水滴がついて水っぽくなるのを防げる。

焼く（グリルや網で焼く）

魚焼きグリルや焼き網などに素材をのせて加熱する。余分な脂肪が落ち、食材の表面に香ばしいこげめができる。

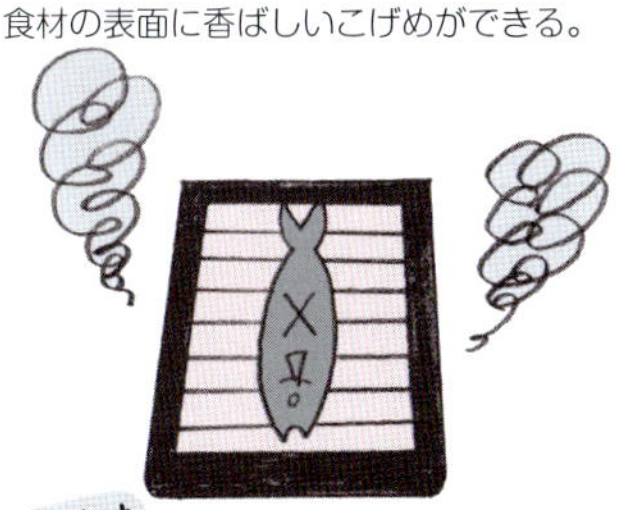

Point

盛り付けたとき上になる側から焼くと、きれいに仕上がる。

揚げもののいろいろ

素揚げ…ころもをつけずに揚げる。

天ぷら…小麦粉と水を約１：１で混ぜたころもをつけて揚げる。

フライ…小麦粉→溶き卵→パン粉の順にフライころもをつけて揚げる。

電子レンジを使いこなす

少量の食材の加熱や温めは、電子レンジの得意分野。
おけるスペースがあるなら、持っていると便利です。

「あたため」が得意 自炊をしない人にも

ひとり暮らしのキッチンにあると便利なのが、電子レンジです。冷凍食品の解凍・加熱やお惣菜の温めなおしもできるので、あまり料理をしない人こそ持っていると便利かも。電子レンジの機能だけのものと、オーブン&オーブントースター機能もついた「オーブンレンジ」の2タイプがあり、オーブンレンジのほうが価格が高めです。庫内のターンテーブルの有無や扉の開き方などもさまざまですが、ひとり暮らしの部屋に無理なくおける小型のものは、ターンテーブルつきで扉が横に開くタイプのものが主流。キッチンでは、扉を開けるためのスペースも考えて置き場所を決めましょう。

電子レンジは、マイクロ波という電波の一種を利用して食材を内側から加熱します。短時間で加熱調理することができるうえ、ゆでたり煮たりする調理法にくらべてビタミンCなどの栄養素も失われにくいというメリットがあります。

ワット数や食材の重さで 加熱時間が異なる

電子レンジで調理するときは、まずワット数を確認します。家庭用の場合、500〜600Wのものが一般的。加熱する時間はワット数によって違い、ワット数が高いほど短時間で加熱することができます。また、加熱時間は食材の重さにほぼ比例します。たとえば100gを加熱するのに1分かかる食材の場合、200g加熱するときの調理時間は約2分。ただし、「ゆで野菜」「あたため」などよく使われる機能については、食材を入れてボタンを押すだけでよいメニューキーなどがついているものも多いため、加熱時間に迷うことはそれほどないかもしれません。また、食材の種類や仕上がりに合わせてラップを上手に使うことも、電子レンジを使いこなすポイントです。

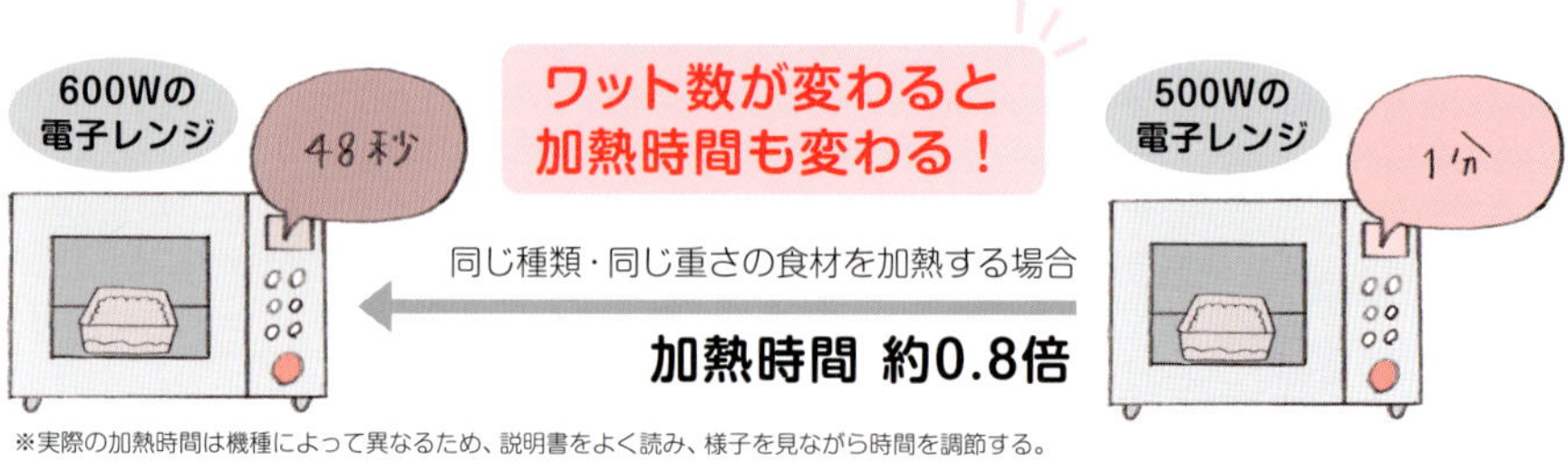

※実際の加熱時間は機種によって異なるため、説明書をよく読み、様子を見ながら時間を調節する。

電子レンジを使いこなそう

電子レンジでは食材を内側から加熱。食材のならべ方やラップのかけ方にポイントあり。

加熱のコツ

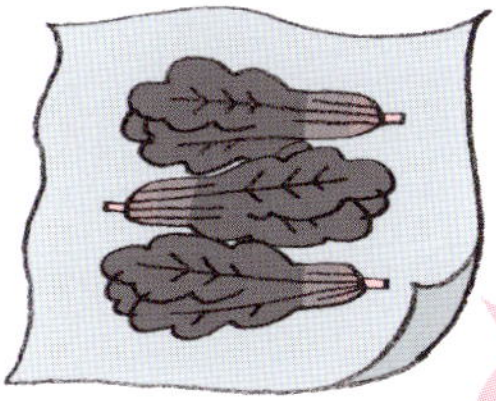

ゆで野菜にするときは、野菜を洗って水けをきり、ラップでふんわりと包んで加熱する。

葉と茎を交互にならべると、加熱ムラが少なくなる。

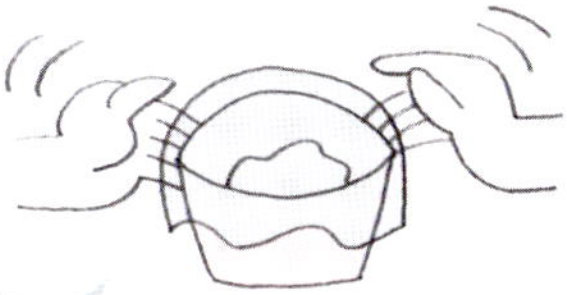

食材を器に入れて加熱する場合、ラップはふんわりとかける。

ぴったりかけると、蒸気でふくらみ、破裂することも。

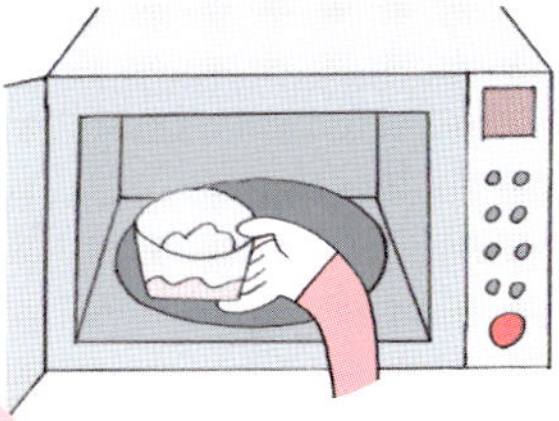

ターンテーブルがないタイプの場合は、中央におく。

食材は、ターンテーブルの端におく。
取り出すときは、器が熱くなっているので注意！

竹串などでつついて、蒸気を逃がしてからラップを外すと安心。

ラップを外すとき、蒸気でやけどをしないように注意！

量が多い場合は、加熱の途中で一度取り出し、軽く混ぜてから再加熱

電子レンジ調理に使える器＆容器

○
陶磁器
耐熱性のガラス器
耐熱性のプラスチック容器　など

×
木製の器
ステンレス、ホーローなど金属製の器
耐熱性ではないガラス容器
耐熱性ではないプラスチック容器
金・銀の縁どりや柄のある陶磁器

食品の冷凍保存

すぐに食べない食材は、冷凍保存しておくと便利。
使うときのことを考え、きちんと準備をして凍らせましょう。

食べきれない食材は冷凍して保存しよう

自炊派を悩ませることのひとつが、食材を使いきることの難しさ。ひとり暮らしだと一度に食べる量が限られるため、どうしても同じ食材を何回かに分けて食べることになります。基本は、味付けや調理法を工夫して上手に食べること。でも、同じものを続けて食べるのはちょっと……という場合は、冷凍保存しておくのもよい方法です。

冷凍保存の基本は、新鮮な食材を使うこと、密封すること、素早く凍らせることの３つ。食材の量が多い場合は、１食分ずつ小分けにして冷凍すると便利です。

また、ほとんどの野菜は、生のまま冷凍すると食感や味がかわってしまいます。それぞれの野菜に合う方法で加熱してから冷凍を。食材の種類にもよりますが、冷凍したものは１～２週間を目安に食べきりましょう。

冷凍保存の基本

使いきれないと思うものは、早めに冷凍保存することが、食材をムダにしないコツ。

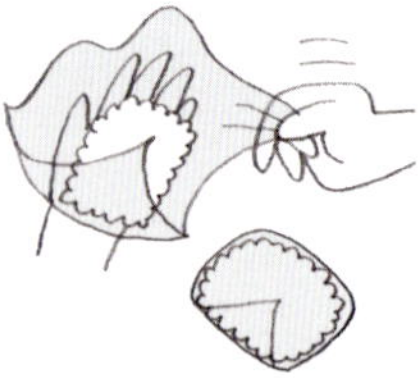

1

使いやすいように小分けして、ラップで包む。空気が入らないようにぴっちりと。

2

あれば金属製のトレイにのせて、冷凍室へ。

金属製のトレイにのせるのは、短時間で凍らせたほうが味が落ちないため。金属は冷たさをよく伝えるため、素早く凍らせるのに役立つ。

3

完全に凍ったら、冷凍用保存袋や密閉できる容器に入れて冷凍室で保存する。

冷凍保存に向かない食品

・豆腐、たけのこ、卵、こんにゃく など

食材別・冷凍保存の準備

食材に合った準備をしてから冷凍するのが、おいしさを保つコツ。

薄切り肉	パックから出し、ラップの上に薄く広げて包む。
かたまり肉	ひと口大に切り分けてラップで包む。
ひき肉	ラップの上に薄くのばして包む。
鶏もも肉・むね肉	厚さを薄くするように3～4枚にそぎ切りにし、ラップで包む。
切り身魚	パックから出してキッチンペーパーで水けをふき、ラップで包む。
えび	頭と背ワタをとってキッチンペーパーで水けをふき、ラップで包む。
青菜	小房に分け、さっとゆでて水けをきり、ラップで包む。
ブロッコリー、カリフラワー	小房に分け、さっとゆでて水けをきり、ラップで包む。
きのこ	キッチンペーパーなどで土やほこりをふき取り、冷凍用保存袋に入れる。
長ねぎ	薄い小口切りにし、ラップの上にたいらに広げて包む。
にんにく、しょうが	みじん切りまたはすりおろしをラップの上にたいらに広げて包む。
納豆	パックごと冷凍用保存袋に入れる。
油揚げ	未開封なら、袋ごと冷凍用保存袋に入れる。開封した場合は、ラップで1枚ずつぴっちり包む。

解凍の基本

冷凍した食材は、種類や調理法に合わせて正しく解凍しましょう。

電子レンジで解凍する

ほとんどの食材に。電子レンジの出力を「弱」にするか、あれば生もの解凍用の機能を利用して解凍する。

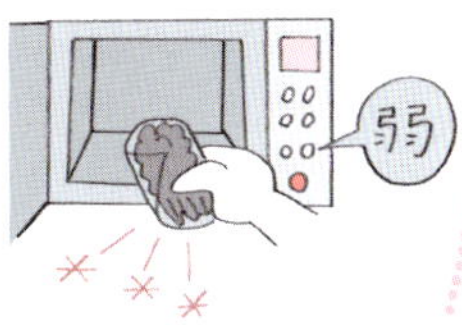

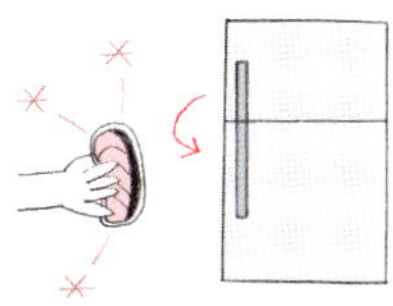

冷蔵室で解凍する

ゆっくり解凍したほうがおいしい肉や魚介などに。食材の量や大きさにもよるが、使う1日ぐらい前を目安に冷蔵室に移し、ゆっくり解凍する。

凍ったまま調理する

ゆでてから冷凍した野菜などに。凍った状態のまま、煮たり炒めたりする。

覚えたい料理の言葉

料理は初心者だけど、本を見ながら作れば大丈夫!?
料理の言葉を知らないと、レシピを見てもわからないことがあるかも…。

独特な表現や言い回しを知っておこう

料理初心者の場合、本などに紹介されているレシピを見ながら料理をすることが多いでしょう。そんなとき、意外にとまどうことが多いのが、レシピの中で使われている「料理の言葉」です。料理にしか使われない表現も多いため、聞いたことがないと言葉の意味がわからず、「どうすればいいの？」なんて考え込んでしまうかもしれません。

初心者向けの料理の本は、できるだけ特別な言葉を使わずに書かれていたりすることもあります。でも、料理の言葉を一般的な言葉におきかえることで、かえって意味がわかりにくくなることも。自炊を続けていくつもりなら、料理はほぼ毎日することになります。おいしいものを手際よく作れるようになるためにも、よく使われる「料理の言葉」は覚えておくのがおすすめです。

よく使われる料理の言葉

あら熱をとる

食品を加熱した後、さわっても熱くない程度まで冷ますこと。

油抜き

油揚げ、厚揚げなどに熱湯をかけたりして余分な油を落とすこと。

味をととのえる

料理の仕上げに、味見をして少量の調味料で味付けを調節すること。

かぶるぐらい

水加減を表す言葉、食材が水面から出ずに隠れるぐらいの状態。

板ずり

食材に塩をふり、まな板の上で転がすこと。

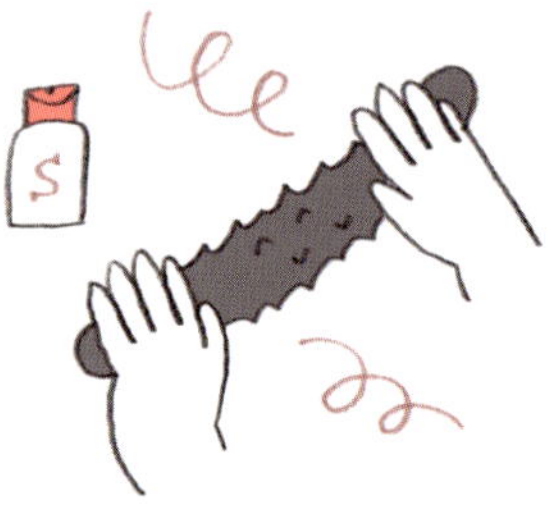

落としぶた

煮ものをするとき、食材の上に直接のせるふたのこと。

下味

仕上げの調味料とは別に、料理の初めに食材に軽く味をつけること。

(水に)さらす

野菜などをしばらく水につけておくこと。

くぐらせる

熱湯や熱した油に、食材を入れてすぐに取り出すこと。

ひと煮立ち

煮汁などを沸騰させてから、ひと呼吸おくぐらいの間煮ること。

ひたひた

水加減を表す言葉。食材が水面からほんの少し出るか出ないかぐらいの状態。

下ゆで

火の通りにくい野菜などを、あらかじめゆでておくこと。

湯むき

トマトなどを熱湯にくぐらせた後、冷水にとり、薄皮をむくこと。

もどす

乾物を水につけてやわらかくすること。

面取り

切り分けた食材（野菜）の切り口の角を、包丁で薄く削ること。

便利な買いおき食材

なんとなく地味な印象の、乾物や缶詰め。
でも買い置きしておくと、いざというときに実力を発揮してくれます。

乾物や缶詰めなどを備えておくと便利

ひとり暮らしをしていると、急に帰宅が遅くなってスーパーマーケットの閉店時間を過ぎてしまう、なんてこともあるはず。また、家にいるとき急に小腹がすいたり、食事を作り始めてみたら少し材料不足だったり……。家で何か食べたいけれど、材料がゼロ！　なんてことにならないよう、自炊派の人は普段から日持ちのする食品を買い置きしておきましょう。

おすすめは、乾物や缶詰め、瓶づめ類です。いちばん頼りになるのが、主食となる乾めんやレトルトパックのごはん。少し手を加えればおかずになる切干大根やひじき、高野豆腐などもおすすめです。また、意外に便利なのが、削り節やのり、梅干し、乾燥わかめなど。それだけではおなかにたまるおかずになりませんが、いろいろな食材に組み合わせることができるので便利です。

これはあると重宝する！

日もちのする食材をいろいろそろえておけば、毎日の料理に変化をつけたいときにも便利。

主食になるもの	乾めん　レトルトパックのごはん （ごはんを多めに炊いて冷凍しておいてもよい）　など
いろいろな食材と組み合わせられるもの	削り節　のり　乾燥わかめ 塩昆布　梅干し　キムチ　など
おかずの材料になるもの	切干大根　ひじき　高野豆腐 ツナの缶詰 豆やコーンの缶詰　など
インスタント食品	レトルトカレー インスタントラーメン

買い置き食材でレスキューごはん

買い置き食材を使って、ささっと一品完成！

梅わかめうどん

うどんをゆでて水洗いし、うす味のだし汁で温める程度に煮る。沸騰直前に乾燥わかめをたっぷり加える。器に盛り、削り節と梅干しをのせる。

塩昆布パスタ

パスタをゆで、オリーブオイルと塩昆布を混ぜる。

ツナとコーンのカレー丼

水けをきったツナとコーンにカレー粉、しょうゆを加えていため、電子レンジであたためたごはんにのせる。

キムチうどん

うどんをゆでて水洗いし、もう一度熱湯でゆでて温める。水けをきってバターと少量のしょうゆを混ぜ、キムチをのせる。

ひじきの煮もの

もどしたひじきを軽く炒め、だし汁、酒、砂糖、しょうゆ、水けをきった大豆の水煮を加えて煮る。

後片付け＆洗いもの

毎日の洗いものにも、ちょっとしたコツがあります。
素材や汚れの種類に合わせて、すっきりキレイに洗いましょう。

素材や汚れの種類に合わせて洗う

普段使いの食器や調理器具は、食器洗い用洗剤をふくませたスポンジで洗います。油汚れがひどくないものから順に洗い、流水で十分にすすいでから、ふきんやキッチンペーパーで水けを完全にふきとります。油よごれがひどい食器や調理器具は、新聞紙やキッチンペーパーなどで汚れをふきとってから洗いましょう。

プラスチック製のまな板は食器と同じように洗いますが、木製の場合は、たわしで強めにこすり洗いを。水気をふき、立てて保存しますが、カビが生えやすいので2~3日に一度は風通しのよい室内で陰干しをしましょう。

調理台やガス台は、ふき掃除が基本。ガス台のこびりつき汚れは、クレンザーをつけて軽くこすります。プラスチック製のまな板やスポンジ、ふきんなどは、定期的に除菌&漂白を。

必要なアイテムはコレ!

素材や汚れの種類に合せて、洗剤や道具を使い分けると効果的。

クレンザー

なべやガス台などのこびりつき汚れを落とすときに。粉末とクリーム状のものがある。

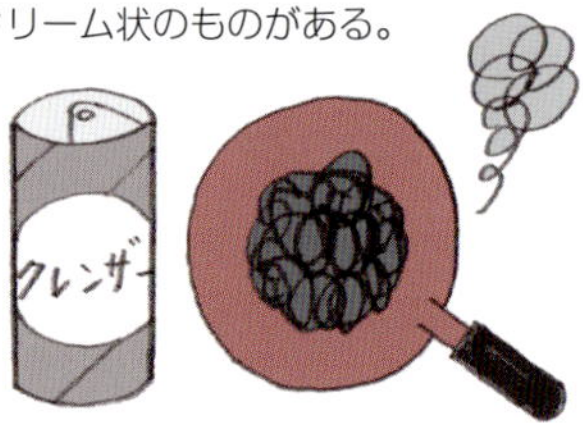

食器洗い用洗剤

食器や調理器具を洗うときに。

台所用漂白剤

食器や調理器具、ふきんなどの除菌、漂白に。そのまま使えるものと、薄めて使うものがある。

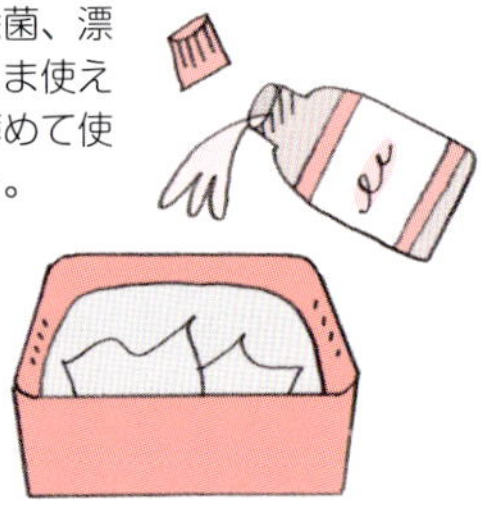

スポンジ

食器洗い用のものを選び、こまめに取り替える。

たわし、ブラシ

ざるを洗ったり、調理器具をこすり洗いしたりするときに。

キッチンアイテムは清潔に!

使ったらすぐに掃除して汚れをためなければ、あとあとの掃除もラクに。

ふきん

使った後は食器洗い用洗剤をつけてよく洗い、できれば屋外に干す。部屋干しの場合は、１週間に一度のペースで漂白を。

ガス台

余熱が残っているうちに、台ぶきんで水ぶきをする。こびりつき汚れがある場合は、クレンザーをつけてこすり洗いを。

スポンジ

洗いものを終えたら、スポンジに食器洗い用洗剤を含ませて軽くもむ。最後に強く絞り、かごやネットなどの上で乾燥させる。

排水口のごみ受けかご

専用のたわしやブラシを用意しておく。中にたまったごみを捨て、食器洗い用洗剤をつけてこすり洗いをする。定期的に漂白を。

しつこい汚れの落とし方は?

普通に洗っても落ちない汚れにはスペシャルケアで対応を。

食器の茶しぶ

塩をつけて指でこする。または台所用漂白剤で漂白する。

鍋の外側のこびりつき汚れ

クリームクレンザーをつけ、丸めたラップでこすり洗いを。

アルミ鍋の黒ずみ

鍋に、水とレモンやりんごの皮を入れて沸騰させる。弱火で10分ほど煮て火を止め、そのまま冷ます。

グラスのくもり

酢に５倍程度の水を加えたものにグラスを３～４時間つけておき、よくすすぐ。

※洗剤や漂白剤は、それぞれの製品の表示に従って使う。

おいしいお茶、飲んでますか？

自炊をしない人でも、自宅でお茶を飲むことはあるはず。コーヒー、紅茶、緑茶など定番のお茶もいいけれど、ときには少しアレンジしてみては？　ちょっとひと手間加えるだけで、いつものお茶がオリジナルドリンクにかわります。

オレンジティー

グラスに氷をたっぷり入れ、濃いめに入れた紅茶とオレンジジュースを1：1で注ぐ。

ペパーミント緑茶

緑茶をいれるとき、ポットの中にミントを1枝プラス。少し蒸らしてから注ぐ。アイスにしてもおいしい。

スパイスミルクティー

小鍋に牛乳とシナモンスティックを入れ、沸騰直前まで温める。シナモンスティックを取り出し、濃いめに入れた紅茶と1：1の割合でカップに注ぐ。

メープルラテ

コーヒーに、軽くあわ立てた生クリームを加え、メープルシロップをかける。

第4章 ひとり暮らしの家事［掃除編］

掃除しなければいけないのはわかっているけれど、めんどうで……。
そう思うのは、正しい掃除の方法を知らないせいかもしれません！
手間をそれほどかけなくても、毎日最低限のことをしておけば、
きれいな部屋は、意外に長くキープされるもの。
上手な掃除のコツを覚えましょう。

掃除用具と掃除の基本

**掃除上手になるためには、やる気だけでなく道具も大切。
適切な道具を使えば、掃除の効率が一気にアップします。**

室内にたまったほこりを効率よく取り除く道具たち

心地よく暮らすためには、部屋を清潔に保つことが大切です。掃除の基本は、ほこりや汚れを取り除くこと。手早くきれいにするために、掃除の方法に合った道具をそろえておきましょう。

まず用意したいのが、床掃除などに活躍するのが掃除機。強い吸引力でほこりを吸い取るので、とくにじゅうたん敷きの部屋には欠かせません。フローリングやたたみなら、ほうきとちりとりでもOK。電気代がかからないだけでなく、大きな音がしないので好きなときに掃除ができるというメリットもあります。また、さっとふくだけで細かいほこりまで取れるシート式のモップなどもあると便利です。

家具などのほこりを取るために用意しておきたいのが、はたきか、ハンディモップ。そのほか、ぞうきんや住居用洗剤、ゴム手袋などもそろえておきましょう。水まわりの掃除には、汚れの種類に合わせた洗剤やスポンジ、ブラシ類などを用意しておくと掃除がスムーズです。

上から下、奥から手前へ掃除をしよう

掃除の基本は、「上から下へ」。ほこりは上から下に落ちてくるので、まず家具や高いところのほこりを落としてから床掃除をします。家具の後ろや窓の桟などは、掃除機にすき間用のノズルをつけるとほこりやごみがよく取れます。

掃除機をかけるときは、「奥から手前へ」。後ろから出る排気でほこりを舞い上げるので、掃除機は部屋の奥からかけ始め、後ずさりしながら部屋の入り口のほうへ移動していきましょう。

掃除機でほこりを取り除いた後、フローリングや畳ならシート式のモップかぞうきん、じゅうたんなら粘着ローラーで仕上げをすればカンペキです。

掃除機の種類のいろいろ

掃除機のしくみはおもに2種類。性能や価格も見比べてみよう。

紙パック式

吸い込んだほこりは紙パックにたまる。紙パックがいっぱいになったら取り替える。

サイクロン式

吸い込んだほこりはダストボックスにたまり、使うたびに捨てることができる。紙パックは使わなくてよい。

基本の掃除用具は？

手早くきれいにするためには、掃除の方法に合った道具をそろえておくことが大切。

ちりとり

ほうきで掃き出したほこりを集めるために。

ほうき

フローリングや畳なら、掃除機を使わずにほうきで掃いても。

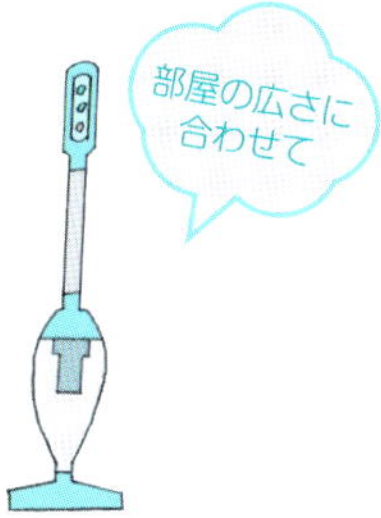

掃除機

機能のほか、大きさやデザインもチェック。

ハンディモップ

使い捨てのモップをつけて、はたきのかわりに使う。

はたき

家具や高いところのほこりをはたいて落とす。

シート式のモップ

専用の持ち手に、紙製のシートをつけて使う。シートはからぶき用、水ぶき用、ワックス用など、さまざまな種類がある。

住居用洗剤

家具など、さまざまなもののふき掃除に使える中性タイプが便利。

※洗剤は、それぞれの製品の表示に従って使う。

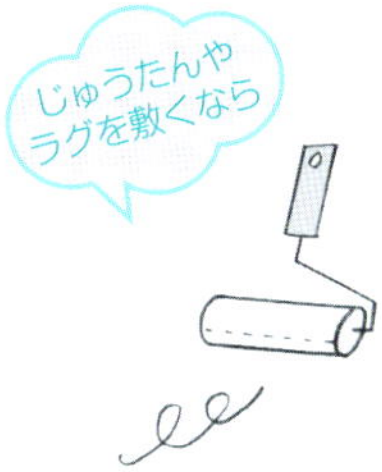

粘着ローラー

ロール式の粘着テープを転がし、ほこりを取る。じゅうたんやラグなどの掃除に。

ぞうきん

古くなったタオルや洋服を、適当な大きさに切っておくとよい。

整理整頓のコツ

住みやすい部屋を作るには、毎日の整理整頓も大切。
きれいに見せるポイントを知って、上手に片付けましょう。

ポイントをおさえれば スッキリ見せられる

訪ねてきた人に「きれいな部屋だな」と思わせるポイントは、室内をきちんと整頓しておくこと。清潔に掃除してあっても、散らかっていたのではだらしない印象を与えてしまいます。

整頓の基本は、見えるところに余分なものを置かないことです。とはいっても、スペースが限られたひとり暮らしの部屋では、隠す収納が難しいことも。そんな場合はまず、目立つところをスッキリさせることを心がけましょう。

散らかって見える原因のひとつが、出しっぱなしの小物。リモコンやペンなどよく使うものは、専用のかごなどを用意して入れておくようにします。読んだ後の新聞や雑誌は、置き場所を決めてひとまとめに。テーブルと床の上をすっきりさせておくだけで、部屋の「きちんと感」がアップします。

部屋をきれいに見せるポイント

こまごまとしたものを出しっぱなしにしないことがコツ。

テーブルの上

何も置かないのがベスト。よく使うリモコンなどは、かごや箱などにまとめておく。

玄関

靴が何足も出しっぱなしになっているのはNG。普段はいていない靴は下駄箱へ。

キッチンのシンク

使った後の食器などを置きっぱなしにしない。きれいに片付け、台ぶきんでからぶきして磨いておく。

部屋の隅

ほこりがたまっていないかどうか確かめる。

電化製品のコード

ゴチャゴチャと何本も見えていると、片付いていない印象に。家具の後ろなどに上手に隠す。

整理整頓に役立つアイデア

「出したら必ず元に戻す!」と決めて、整理整頓を習慣化しよう。

何でも入れられるかごor箱を

大きめのかごや箱を用意しておき、すぐに使わないものを入れておく。来客時に隠せるよう、ふたができるものを用意しておくとよい。

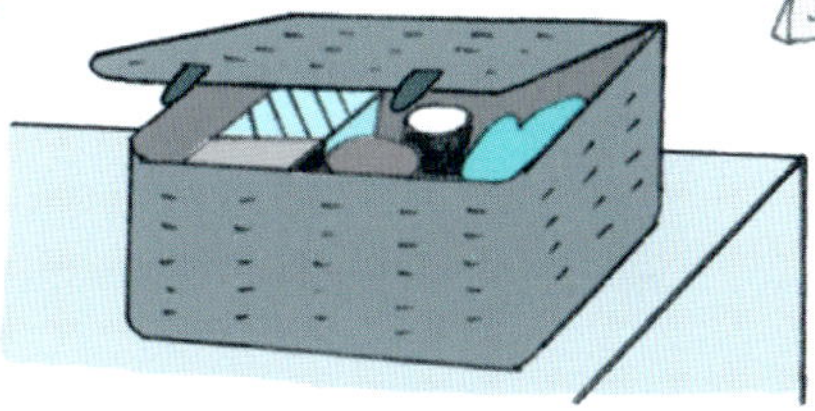

引き出しには余裕を残す

引き出しなどにはキッチリものを詰めないで。少し余裕があったほうが、出し入れしやすい。

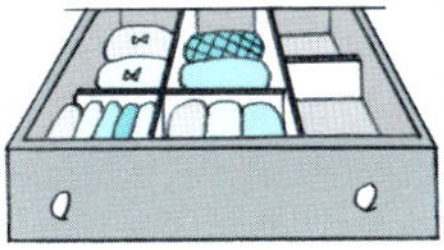

よく使うものは出しやすい場所に

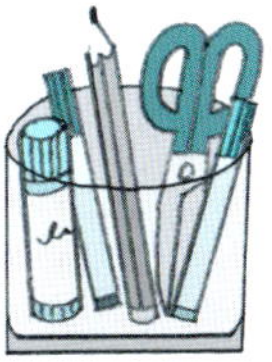

部屋を散らかさないコツは、出したものを元の場所に戻すこと。使った後、さっとしまうためにも、よく使うものは出し入れしやすいところにしまっておく。

新聞や雑誌は置き場所を決める

読んだ後の新聞や雑誌は、1か所にまとめておく。ある程度たまったらひもでまとめ、古紙回収に出す。

クロス類で目隠し

見せたくないものは、布で覆って隠す方法も。かごなどの上にかぶせたり、棚の前につったりするなど、隠し方も工夫して。

布製のバッグを小物入れに

かわいい布製のバッグをフックにひっかけておき、小物入れとして使っても。

キッチン掃除

**キッチンの汚れの正体は、油やほこり、水アカ、カビなど。
毎日のお手入れに加え、汚れが気になるときにはスペシャルケアを。**

べたつく汚れをすっきり落とそう！

キッチンの汚れの特徴は、油とほこりが混ざっていること。ガス台まわりなどは、料理をした後、余熱が残っているうちに水ぶきしておくのが基本です。でも、毎日ふき掃除をしていても、いつの間にかべたつく汚れがついてしまうことも。しつこい汚れをすっきり落とすには、専用の洗剤を使うのがおすすめです。五徳や受け皿などはとり外して洗い、水けをよく拭いてから元の位置に戻します。また、冷蔵庫や電子レンジなどの電化製品も油とほこりでべたつくことがあります。台所用洗剤などをつけた台ぶきんで拭き、さらに水ぶきをしておきましょう。

また、意外に汚れているのがキッチンの壁や窓。ふいただけでは汚れが落ちにくい場合は、台所用洗剤をしみこませたキッチンペーパーを貼り付け、少し時間をおくとよいでしょう。

キッチン掃除のコツ

キッチンの清潔を保つコツは、汚れをためないこと！　ついたばかりの汚れは簡単に落とせる。

水道の蛇口

からぶき仕上げでピカピカに

くもりがひどいときは、クリーム状のクレンザーをつけて歯ブラシで磨く。水ぶきし、さらにかわいた布で磨く。

排水口まわり

1 台所用洗剤で洗う

ごみ受けかごを取り出し、専用のスポンジやブラシに台所用洗剤をつけて洗う。

2 ぬめりが気になるときは漂白を

薄めた漂白剤につけおきするか、スプレー状の漂白剤をかけて時間をおく。仕上げに、流水でしっかりすすぐ。

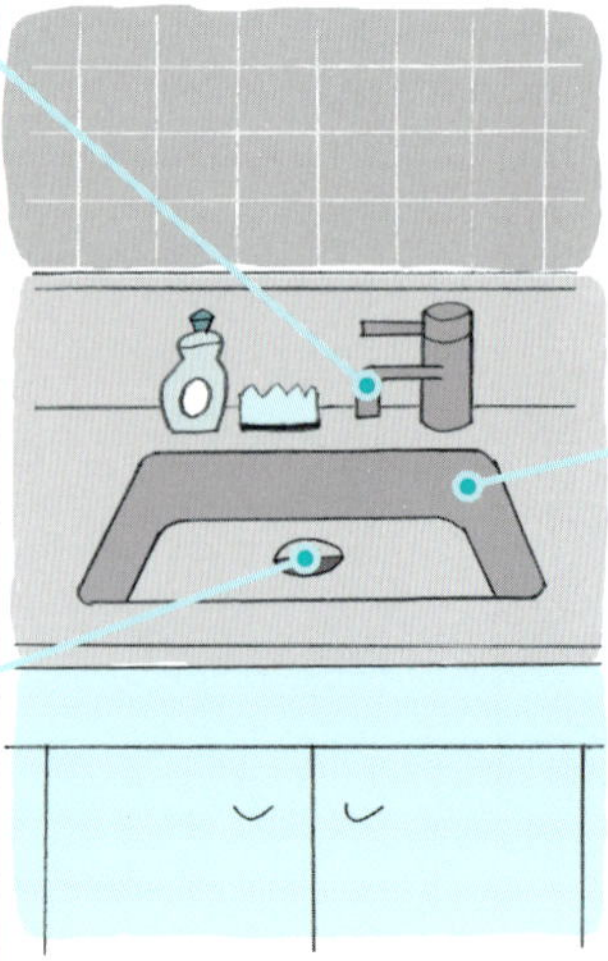

シンク

1 台所用洗剤でこすり洗い

洗いものの後、台所用洗剤をつけたスポンジでこすり洗いをする。

2 くもりが気になるときはクレンザーで

くもりが気になるときは、クリームクレンザーをつけたスポンジで、横方向にこすり洗いをする。

3 からぶきで水けをとる

十分にすすぎ、かわいた布で水けを完全にふきとる。

ステンレスや タイルの壁、窓

台所用洗剤で拭き、さらに水ぶきをする。ふいても汚れが落ちないときは、台所用洗剤をしみこませたキッチンペーパーを貼り付けておく。

床

ぞうきんで水ぶきする。べたつきが気になるときは、住居用洗剤で拭き、さらに水ぶきする。

ガス台まわり

1 五徳や受け皿を取り外す

クリーム状のクレンザーなどでこすり洗いをする。

2 こびりついた汚れはこすり洗い

拭いてもおちないこびりついた油汚れは、クリーム状のクレンザーなどをつけてこする。

3 細かいところは洗剤で湿布

ガス台のつまみなどこすりにくい部分は、台所用洗剤をしみこませたティッシュペーパーを貼り付け、少し時間をおく。

冷蔵庫

1 外側を拭き掃除

台所用洗剤で外側をふく。洗剤の成分が残らないよう、仕上げに水ぶきしておくとよい。

2 棚板などを外して洗う

棚板や野菜室のケースなど、とり外せるものはすべて外し、台所用洗剤で洗う。

3 内側を拭き掃除

アルコール除菌剤などで、内部をふき掃除する。

4 パッキンのカビはカビとり剤で

ドアパッキンにカビがはえているときは、綿棒にカビとり剤をつけてふく。カビとり剤を残さないよう、ていねいに水ぶきして仕上げる。

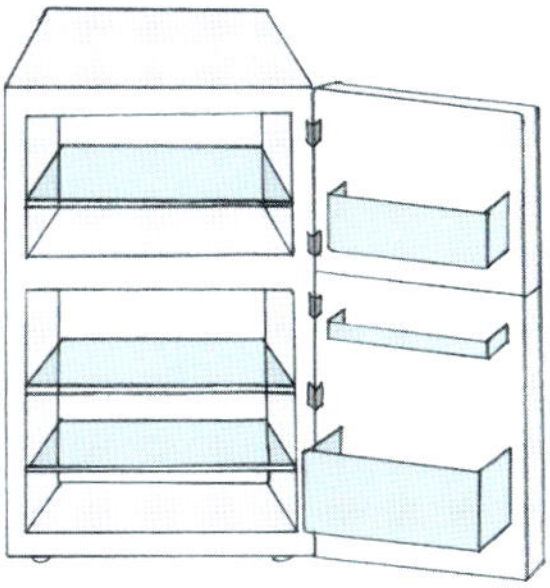

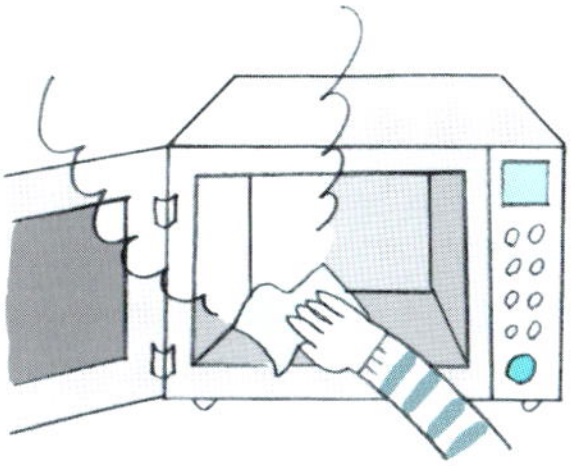

電子レンジ

蒸気で内部の汚れをゆるめる

ぬらしてゆるめに絞った台ぶきんを入れ、30秒ほど加熱。やけどしないように気をつけながら、加熱した台ぶきんで内部をふく。

※洗剤や漂白剤は、それぞれの製品の表示に従って使う。

お風呂掃除

湿気が多いお風呂は、こまめに掃除をするのが鉄則。
排水口の詰まりやカビにも気をつけて！

専用の洗剤で週に一度はこすり洗いを

お風呂で気になるのは、水アカなどの汚れやカビです。毎日、入浴後にシャワーでさっと洗っておけばある程度汚れを防ぐことができますが、湿気が多いところだけにしつこい汚れやカビもつきやすいもの。1週間に一度は、洗剤を使っていねいに掃除をしましょう。

週に一度の掃除のときは、お風呂用の洗剤を含ませたスポンジで浴槽や壁、床などをこすり洗いします。泡が残らないようによく流し、できれば乾いた布で水けをふき取っておきましょう。

カビが生えたときは、カビ取り剤を使って取り除きます。洗剤やカビ取り剤は使用方法をよく読み、正しく使うことが大切。とくにカビ取り剤には強い成分が含まれているので、それぞれの使用方法に従って、正しく換気などをしながら使うようにします。

毎日のお風呂掃除

毎日、お風呂から出たらすぐに下の4つを行えば、効果的な水アカ、カビ対策になる。習慣化しよう。

1

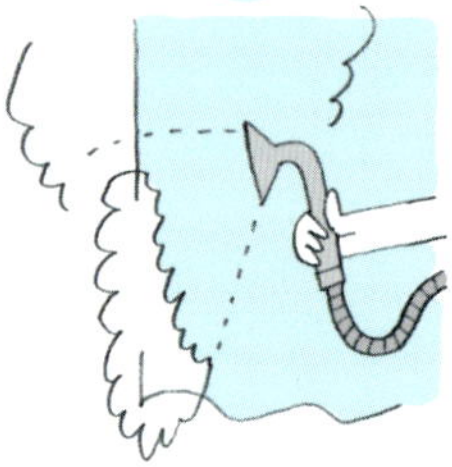

壁、シャワーカーテンにシャワーで熱めのお湯をかけ、石けんなどの泡を完全に流す。

2

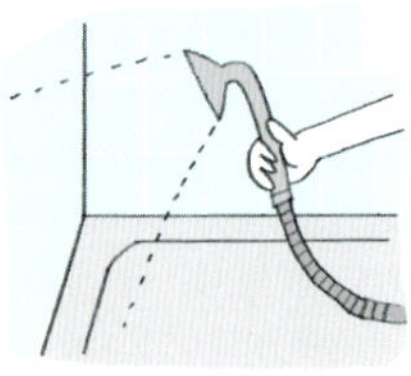

浴槽、壁、シャワーカーテンに水をかけ、温度を下げる。

3

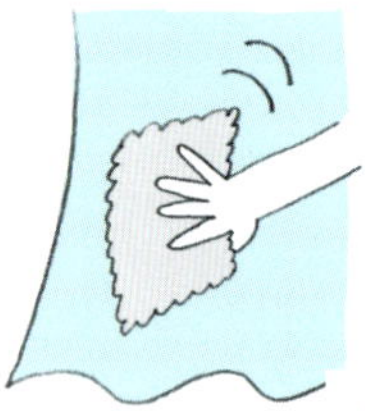

シャワーカーテンは水けをふきとり、広げておく。

4

窓があれば開け、なければ換気扇を回して浴室の中を乾燥させる。

週に一度のお風呂掃除

週に一度は、いつもよりていねいに掃除。お風呂の汚れは早めの対処が大切。

1 お風呂用洗剤を含ませたスポンジで、浴槽、壁、床をこすり洗いする。

浴槽にお湯をためたときの水面の高さにあたる部分と、四隅はとくにていねいに！

汚れが落ちないときは…

お風呂用洗剤をしみこませたティッシュペーパーを貼り付け、少し時間をおいてからこすり洗いをする。

お風呂用のクレンザーで磨き洗いをする。

2 排水口の目皿がある場合は外す。髪の毛などのゴミを取り除き、お風呂用洗剤を含ませたスポンジなどでこすり洗いをする。

排水口のにおいやつまりが気になるときは…

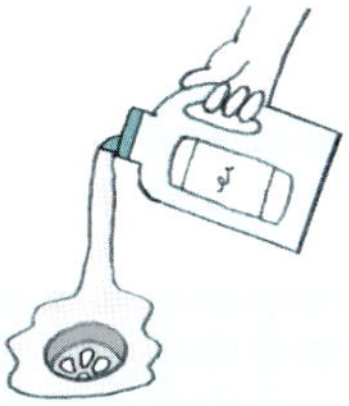

1. パイプ用洗剤を排水口の周りにかける。
2. 表示に従って時間をおき、水を流す。

※粉末のものもある。

カビが気になるときは…

1. お風呂のドアと窓を開ける。部屋の窓も開け、換気扇を回す。
2. ゴム手袋をはめ、マスク、めがねを身に着ける。
3. 低い位置には、直接カビとり剤をスプレーする。目より高い位置は、カビ取り剤を布につけてふく。
4. 表示通りに時間をおき、十分に流す。

※洗剤やカビ取り剤は、それぞれの製品の表示に従って使う。

トイレ＆洗面台の掃除

掃除が面倒なところこそ、できるだけこまめに掃除を。
毎日少しずつきれいにしておけば、週に一度の掃除も簡単です。

毎日の簡単な掃除で汚れをためないのが大切

トイレや洗面台も、いつもきれいに保ちたいところのひとつです。少し面倒でも、1日に1回は簡単な拭き掃除やこすり洗いを。毎日の掃除は、週に一度の本格的な掃除をラクにするためのもの。使ったついでに簡単にしておけばOKです。

　トイレの毎日の掃除に活躍するのが、トイレ用の除菌シート。気になるところをさっと拭くだけで、汚れ落としと除菌ができます。また、水洗タンクの水受けに置いたり、中に入れたりして使うタイプの洗浄剤も、便器に汚れをつきにくくするのに役立ちます。

　洗面台の汚れは、おもに石けんカス。毎日、歯磨きをするときなどにスポンジで軽くこすっておけばほとんど落ちてしまいます。週に一度の掃除のときは、蛇口のまわりなどをていねいに磨き、定期的に排水パイプもきれいにしましょう。

洗面台の掃除の基本

水まわりのおもな汚れは水アカ。ためると落ちにくくなるので注意！

週に1度の掃除方法

蛇口のくもりが気になるときは、クリーム状のクレンザーをつけて歯ブラシで磨く。水ぶきし、さらにかわいた布で磨く。

お風呂用洗剤を含ませたスポンジで、洗面台をこすり洗いする。

排水口のにおいやつまりが気になるときは、パイプ用の洗剤で排水パイプの掃除をする。

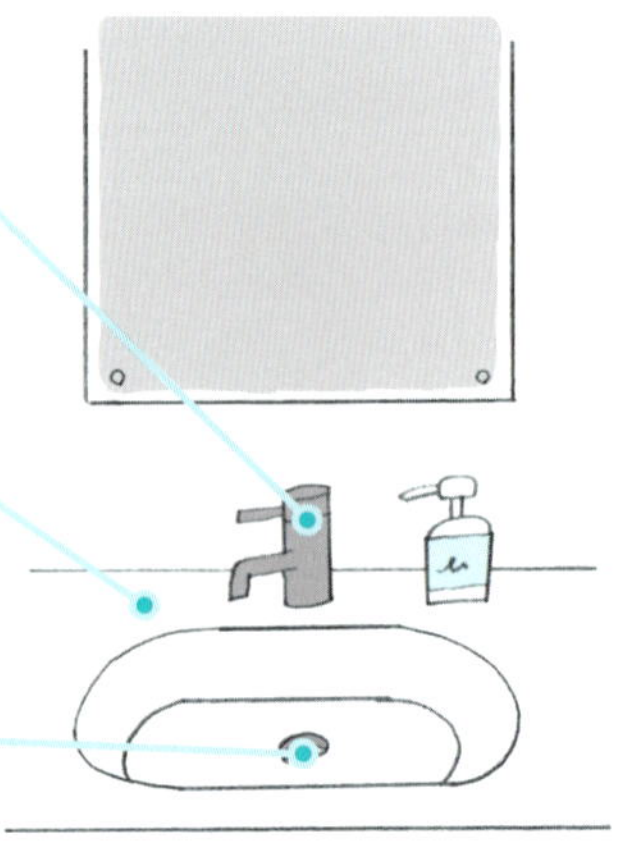

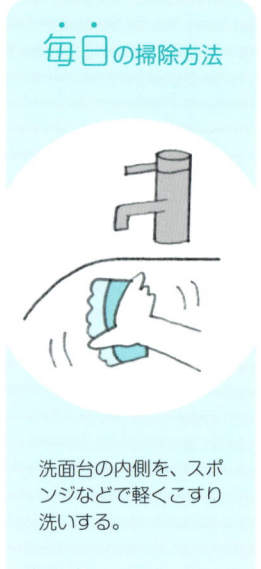

毎日の掃除方法

洗面台の内側を、スポンジなどで軽くこすり洗いする。

トイレの掃除の基本

トイレはだれもが清潔を保ちたいところ。トイレ用の除菌シートがあると便利。

週に1度の掃除方法

毎日の掃除方法

トイレ用の除菌シートで拭き掃除をする。

ドアノブ、水洗タンク、トイレットペーパーホルダー、便座、床など。

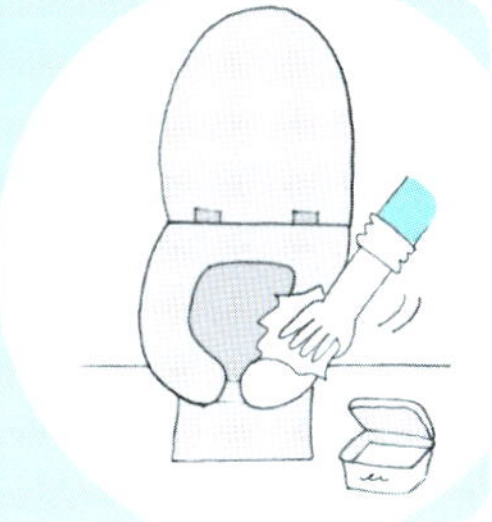

1 便器の内側にトイレ用洗剤をかけ、ブラシでこすり洗いをする。

落ちにくい汚れがあるときは…

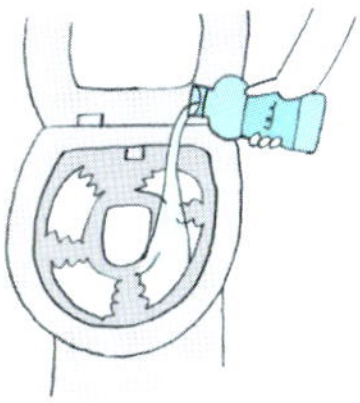

汚れの部分にトイレットペーパーを貼り付けてトイレ用洗剤をかけ、少し時間をおいてから、トイレットペーパーごとブラシでこする。

水がたまっている部分の周りの黒ずみは…

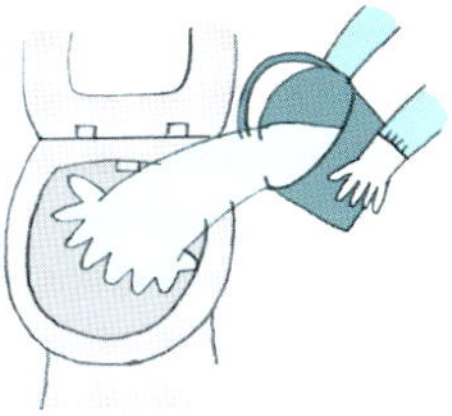

便器にバケツ１杯の水を流し入れる。こうすると、便器の中の水位が下がる。

汚れの部分にトイレットペーパーを貼り付けてトイレ用洗剤をかけ、少し時間をおいてから、トイレットペーパーごとブラシでこする。

2 毎日の掃除と同様に、除菌シートで拭き掃除をする。

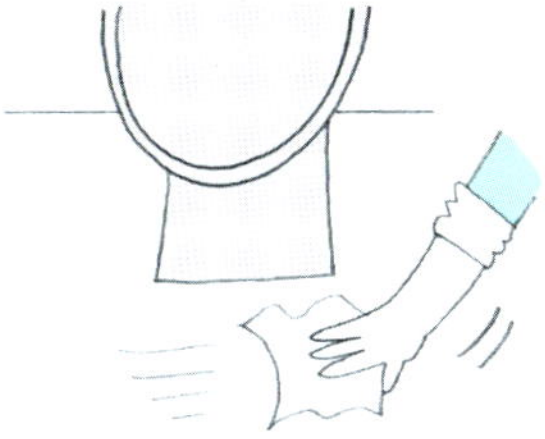

3 トイレマットや便座カバーを外し、洗濯したものに取り替える。

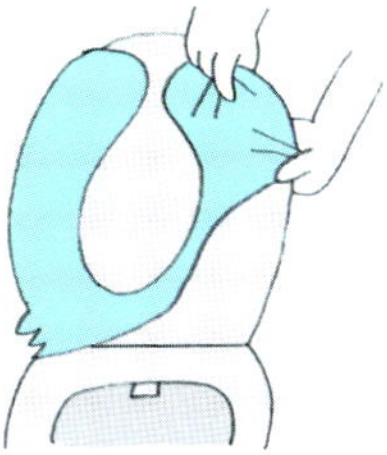

※洗剤はそれぞれの製品の表示に従って使う。

身近な素材でエコ掃除

酢や重曹は、掃除にも活躍するアイテム。
汚れの種類に合わせて、洗剤と使い分けてみても。

軽い汚れなら洗剤を使わなくてもOK

最近では、環境への影響を考えて洗剤をできるだけ使わないようにしている人もいます。ため込んでしまったしつこい汚れは洗剤を使わないとすっきり落ちないこともありますが、軽い汚れなら洗剤を使わずにきれいにできるのです。

エコ掃除に活躍するのが、酢や重曹。どちらもスーパーマーケットや薬局で手に入り、値段も手ごろです。環境にやさしいのはもちろん、洗剤にくらべて手肌への刺激も少ないので、肌が弱い人にもおすすめです。

酢は、おもに水あかなどアルカリ性の汚れを落とすのに役立ちます。殺菌作用もあるため、排水口のぬめりやにおいを抑える効果も。重曹はおもに酸性の油脂汚れなどを落とします。クレンザーのように磨き洗いをするのに使えるほか、すぐれた消臭作用もあります。

重曹を使う!

重曹はキッチンなどの油汚れに強く、粒子が細かいのでクレンザーがわりになる。においをとる効果も。

ガス台まわりの油汚れに

五徳や受け皿に重曹をふりかけ、少し時間をおく。水でぬらしたブラシやたわしでこすり洗いし、水ですすぐ。

カーペットのしっかり掃除

カーペットに重曹をふりかけ、手でなじませて30分ほど時間をおく。その後、掃除機で重曹を吸いとると、ホコリもくっついていっしょにとれる。

お風呂のこすり洗いに

重曹をスポンジにつけ、浴槽などをこすり洗いする。

酢を使う!

酢は酸性で、水あかなどを落とすのに効果的。雑菌を抑える効果もある。

シャワーヘッドのつまりをとる

洗面器に、水で３～４倍に薄めた酢水を入れる。シャワーヘッドをひと晩つけておき、よくすすぐ。

お風呂の鏡をピカピカに

鏡のくもりが気になるときは、水で３～４倍に薄めた酢水をスプレーし、乾いた布で拭く。

洗面台の水あか汚れに

水あか汚れが気になる部分にティッシュを貼り付け、水で10倍に薄めた酢水をスプレー。少し時間を置いてからティッシュを取り除き、軽くこすり洗いをする。

畳のふき掃除

やわらかい布を水で20 ～ 30倍に薄めた酢水につけてかたく絞り、畳の目に沿って拭くと汚れがとれ雑菌予防にも。その後、から拭きし、窓やドアを開けて畳をしっかり乾かす。

排水口のにおいを防ぐ

洗いものが終わったら、排水口に酢をスプレーしておく。

その他のエコ素材

環境にやさしい素材を使って掃除しよう!

消毒用エタノール

排水口のヌルヌルを予防

ゴミを捨てて洗った後、排水口のごみ受けかごに消毒用エタノールをスプレーしておく。

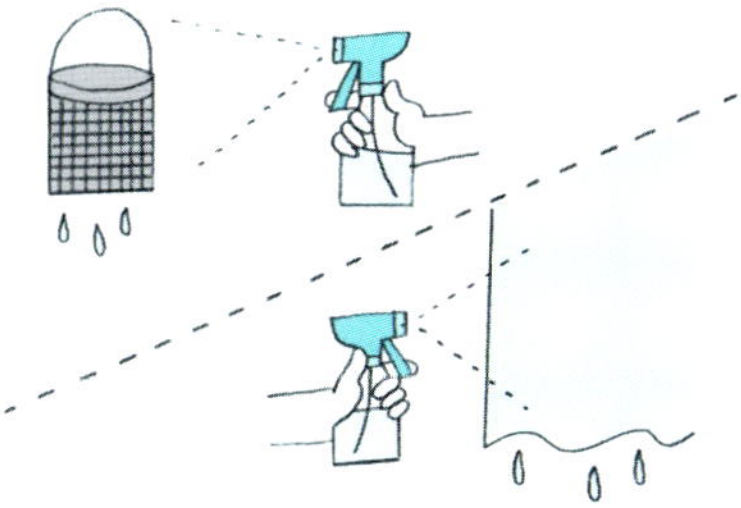

おふろのカビを予防

入浴後、壁やシャワーカーテンの水けをふきとり、消毒用エタノールをスプレーしておく。

かんきつ類の皮

シンクの水あかをすっきり落とす

シンクの内側をかんきつ類の皮でこすって水ですすぐと、水あかが落ちてピカピカになる。

米のとぎ汁

フローリング用のお手軽ワックス

やわらかい布を米のとぎ汁につけてかたく絞り、フローリングの床を拭く。ワックスをかけたようにピカピカに。

大掃除のポイント

年に数回は、思い切って家中をきれいにする大掃除を。
エアコンや換気扇などの手入れもしておきましょう。

掃除しにくいところはまとめて大掃除を

掃除が大好き！　という人でも、いつも家中をピカピカにしておくのは大変。普段あまり気にならないところや掃除しにくいところは、まとめてきれいにするのがおすすめです。ただし、たまにしかケアをしないところは、その分汚れもたまっています。必要な道具をそろえ、いつもの掃除より時間をかけて、しっかり磨きあげましょう。

　大掃除は、季節のかわり目ごとにするのが理想。それが無理なら、室内の模様替えや冷暖房器具の手入れも兼ねて、春と秋の終わり頃に行いましょう。大掃除のときにきれいにしておきたいのが、窓や網戸、キッチンの換気扇、エアコンのフィルターなど。また、天井や壁、ドアノブなどを拭いたり照明のカバーを洗ったりすると、室内がすっきりし、清潔感がアップします。

網戸の掃除

1. 網目についたほこりを掃除機で吸い取る。
2. 住居用洗剤を含ませたスポンジ２個で、内側と外側からはさむように拭く。
3. 水を含ませたスポンジで水ぶきして洗剤を完全に落とし、自然乾燥させる。

窓の掃除

1. 窓ガラスの内側にガラス用洗剤をスプレーし、かわいた布で拭く。その後、外側も同様に。

あまり汚れていないときは
丸めた新聞紙を水につけて軽くしぼり、窓ガラスを拭く。
↓
水けが残っているうちに、乾いた新聞紙を丸めて水けと汚れをふき取る。

2. 割りばしにキッチンペーパーを巻きつけ、窓の桟の間に入った土ぼこりをかき出す。
3. 桟の間をぬらしてしぼったぞうきんで拭く。

エアコンのフィルターの掃除

1 フィルターをとり外し、網目にそって掃除機をかけてほこりを吸い取る。

2 住居用洗剤をスプレーし、スポンジやブラシでこすり洗いをする。

3 よくすすいで水けを切り、完全に乾燥させてから元通りに取り付ける。

※フィルターの手入れの仕方は機種によって異なる。水洗いできないフィルターや、長期間手入れをしなくてもよいものもあるので、説明書で確認を。

天井の掃除

はたきやハンディモップでほこりを取る。

壁の掃除

目立たないところに水をスプレーしてみて、しみこむ場合はから拭きを。水をはじく場合は、ぬらしてかたくしぼった布で水拭きする。

換気扇の掃除

1 羽や外枠など外せる部品をすべて外し、かたまった油汚れを新聞紙で拭きとる。

2 住居用洗剤をスプレーし、２～３分時間をおいてから、布で汚れをふき取る。

3 よくすすぎ、水けをふき取る。

4 外せない部分は、住居用洗剤をスプレーした布で拭く。

自分流に お酒を楽しむ

友だちが来たときや、ひとりでリラックスしたいとき、家でお酒を楽しむのもよいものです。お酒の種類にあわせておいしい飲み方をするのが基本ですが、自分の好みに合わせてアレンジするのもおすすめ。ノンアルコールのものを多めに加えれば、お酒があまり強くない人でも安心して楽しめます。

グレープフルーツワイン

白ワインにグレープフルーツジュースを加える。好みで氷を入れても。

日本酒&レモン

日本酒に水や炭酸水を加え、レモン果汁をしぼる。

ジンジャービール

ビールにジンジャーエールを加える。

ホットワイン

小鍋に赤ワインと砂糖を入れて少しあたため、レモン果汁を加える。

第5章 ひとり暮らしの家事［洗濯編］

料理や掃除とともに洗濯も、ひとり暮らしを始めたら
やらないわけにはいかない家事のひとつです。

「洗濯表示を確認せずに洗濯をしたら洋服が縮んでしまった！」

「アイロンのかけ方がわからず、いつも服がしわくちゃ」……。

そんな失敗をしないよう、洗濯上手になりましょう。

洗濯の基本

**洗濯は、洗濯機に入れるだけで終わり、と思っていませんか？
洗濯を甘く見ていると、思わぬ失敗をすることも…。**

洗濯機に入れる前に表示をチェックしよう

洗ってすすぎ、絞る作業は洗濯機まかせにできますが、洗濯で失敗しないためには洗濯機に入れる前にしておくことがあります。まずは表示のチェック。素材によっては水洗いできなかったり、洗い方に注意が必要だったりする場合があるからです。次に、衣類の分類。色落ちによるトラブルを防ぐため、色柄ものはその他のものと分けて洗うようにしたほうが安心です。

表示のチェックと分類を終えたら、洗濯機に水をためて洗剤を溶かし、洗いたいものを入れてスイッチオン。型くずれしやすい下着や、ほかのものにからまるストッキングなどはネットに入れて洗うとよいでしょう。洗剤に加え、ふんわり仕上げたいときは柔軟剤、ハリを出したいときにはのり剤を使うと、乾いたときの風合いが違ってきます。

衣類の表示は？

衣類の表示は衣類をいためないための大切な情報。はじめて洗濯する衣類は、洗濯機に入れるまえに洗濯表示を確認しよう。

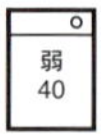	洗濯機のマークがついていれば、洗濯機で洗ってＯＫ。 ●「弱」とあるものは、洗濯機の弱水流で洗うか、手洗いをする。 ●数字は、洗うときのお湯の温度。書かれている温度を超えると、色落ちや縮みの原因になることがある。
	洗濯機は使わず、手洗いをする。洗濯機に「手洗い」「ドライ」などのコースがあれば、それもＯＫ。 ●数字は、洗うときのお湯の温度。書かれている温度を超えると、色落ちや縮みの原因になることがある。
	水洗いをしてはダメ。
	ドライクリーニングをしてはダメ。
	ドライクリーニングができる。
	塩素系漂白剤で漂白することができる。
	ドライクリーニングができるが、溶剤は石油系のものを使う。
	塩素系漂白剤を使ってはダメ。

※表示はJIS L0217より引用

洗剤や仕上げ剤のいろいろ

ひと口に洗剤といってもいろいろ。上手に使い分けよう。

種　類	おもな働き	使い方の注意
洗濯用洗剤	一般的な洗剤。粉末と液体のものがあるが、汚れを落とす効果は同じ。自分が使いやすいほうを選べばよい。	蛍光剤が入ったものは、白いものをすっきり洗い上げる。生成りや淡い色の服は、蛍光剤が入っていない洗剤を使う。
柔軟剤	衣類をやわらかくし、静電気を防ぐ。	全自動洗濯機の場合は、最初に投入口に入れる。二層式の場合は、すすぎの後に入れる。
漂白剤	しみや汚れを分解して落とす。	酸素系漂白剤は、色柄ものにも使える。塩素系漂白剤は、白いものに。
のり剤	繊維にハリを与え、型くずれを防ぐ。	すすぎの後に入れる。

洗濯の手順は？

洗濯物を洗濯機に入れるのは、洗濯槽に洗剤を入れて溶かしてから。型くずれしやすいものは、ネットに入れよう。

1 表示を確認

洗濯機で洗えるか、洗うときに気をつけることはあるか。

2 洗濯機に水を入れ、洗剤を溶かす

洗剤は、洗濯するものの量に合わせて適量を。

3 色・柄ものを分ける

色落ちしないこともあるが、見た目の色が濃いものは別に洗うようにする。

4 コースを選ぶ

全自動洗濯機の場合は、コースを選ぶ（コースの名称は機種によって違う）。

5 衣類を入れて洗う

型くずれしやすいものなどは、ネットに入れておく。

※洗剤や仕上げ剤は、それぞれの製品の表示に従って使う。

干し方の基本

**洗濯ものを干すときのひと手間は、とても大切。
上手に干せば、その後のアイロンがけなどもラクになります。**

干し方の工夫で素早くきれいに乾く

洗い終わった洗濯ものは、すぐに干すのが基本。洗濯機に入れたままにしておくと、シワが伸びにくくなったり雑菌が繁殖したりすることがあるからです。また、衣類の型くずれや伸びを防ぐためには、干し方にもコツがあります。とくに注意が必要なものには表示がついているので、干す前に確認しておきましょう。

洗濯ものは、物干し竿やハンガーなどを利用して干します。干す場所は、風通しがよい屋外がベスト。室内に干す場合は、できれば窓をあけたり換気扇を回したりして、室内に風を通しましょう。室内干しの洗濯ものがにおうことがあるのは、乾くまでに時間がかかるせいで雑菌が繁殖するから。におい予防には、できるだけ短時間で乾くように干し方を工夫したり、除菌・抗菌作用のある洗剤などを使ったりするのがおすすめです。

干し方のコツ

洗濯物は、洗いあがったらすぐに干そう。風がよく通るように、衣類と衣類の間にすきまをつくるのがポイント。

室内干しするときは、窓を開けて風通しをよくする。
早く乾かしたいときは、扇風機で風を当てたり、「除湿」モードでエアコンをつけたりするとよい。

薄いものと厚いものを交互に並べる。

洗濯もの同士の間を開ける。

衣類の表示

	ハンガーなどにかけてつり干しするとよい。
	日陰でつり干しするとよい。
	ネットなどの上に広げて平干しするとよい。
	日陰で平干しするとよい。

※表示はJIS L0217より引用

アイテム別・干し方のコツ

衣類の種類別に、効果的な干し方を覚えておこう。

トレーナーなど

肩の部分に厚みのあるハンガーにかける。

つり干しできないときは…

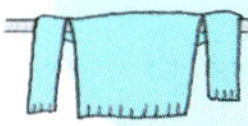

胴と両袖を物干し竿にかける。

シャツなど

軽くふりさばいてからハンガーにかける。えり、前立て、袖などを軽くひっぱっておくとシワになりにくい。

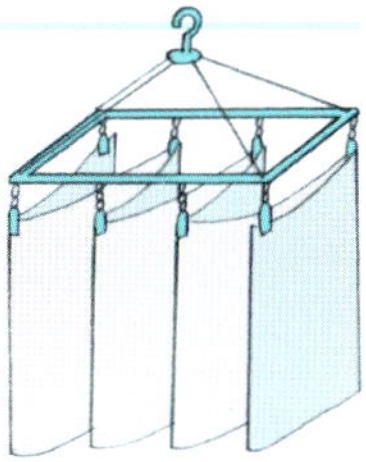

シーツなど

適当な大きさにたたみ、ピンチハンガー（小物を干すための洗濯ばさみつきのハンガー）にびょうぶのように干す。

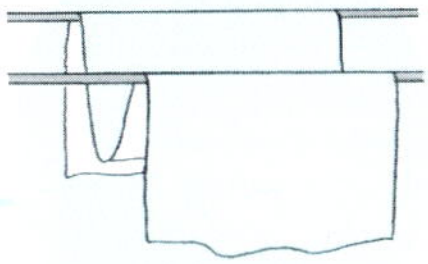

毛布など大きくてかわきにくいもの

２本の物干し竿にM字型にかける。

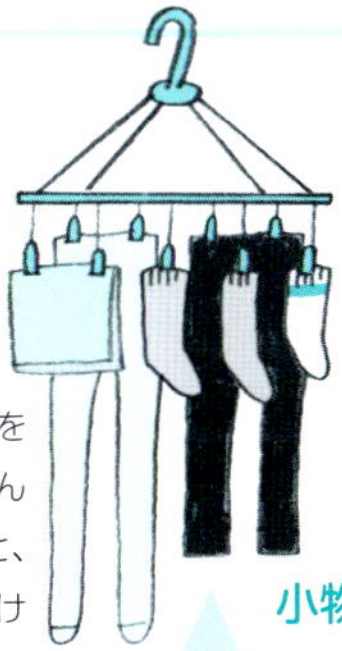

ハンカチは角を合わせてたたんでから干すと、アイロンをかけなくてすむ。

小物類

ピンチハンガーは、外側に短いもの、内側に長いものを干す。

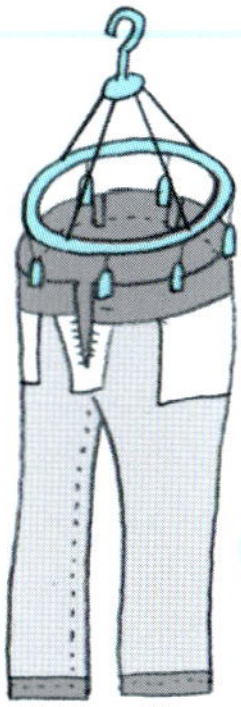

ジーンズなど

裏返し、ピンチハンガーに丸く広げて干す。

ニットなど平干しするもの

ネットなどの上に広げ、形を整えて干す。ネットのかわりにプラスチックのかごなどを利用しても。

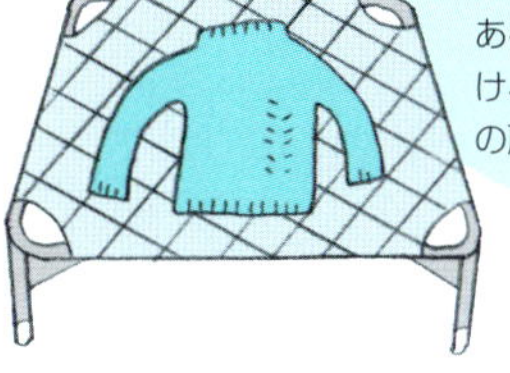

平干しできないときは…

肩の部分に厚みのあるハンガーにかけ、袖をハンガーの肩にかける。

おしゃれ着洗いのコツ

洗剤選びや洗い方に注意すれば、ドライマーク付きの服も自分で洗うことができます。

表示をチェックして家で洗えるかどうかを確認

「ドライマーク（ドライクリーニングができる表示）」（１１４ページ）がついている服は、すべてクリーニングに出さなければならないわけではありません。洗濯機洗いまたは手洗いＯＫの表示があれば、家でも洗えます。水洗いができない表示がついているものでも、素材などによっては家で洗えることがあります。

ドライマークつきの服を洗うときは、必ず専用の洗剤を使います。型くずれなどを防ぐため、服は軽くたたんでネットに入れて。手洗いの表示があるものでも、全自動洗濯機なら「ドライ」「手洗い」などのコース（コースの名称は機種によって違う）、二槽式洗濯機なら「弱水流」を使えば洗濯機で洗うことができます。手洗いする場合は、洗ってすすいだ後、洗濯機で15〜30秒ほど脱水してから干しましょう。

家で洗えるおしゃれ着

おしゃれ着は、衣類表示を見て家で洗えるかどうか確認しよう。

❶ 縮みや変質が起こりやすい素材のもの

- 絹、レーヨン、キュプラ、皮革、毛皮など
- プリーツやしわ加工がしてあるもの
- クレープなど表面に凹凸があるもの
- ベルベットなど起毛したもの　など

❷ 芯地を多く使ったもの

- スーツ、ジャケット、コート、ネクタイなど

❸ 色落ちするもの

- 目立たないところにドライマーク衣料用の洗剤を少量つけたときに色落ちするもの

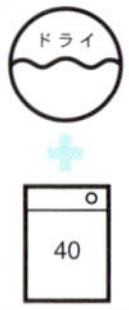

ドライマーク＋洗濯機洗いOK
洗濯機の「ドライ」などで洗える

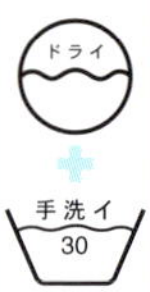

ドライマーク＋手洗いOK
洗濯機の「ドライ」などで洗える

ドライマーク＋水洗いNG
左の❶〜❸にひとつも当てはまらなければ、家で手洗いしてもよい

※表示はJIS L0217より引用

おしゃれ着洗いの基本

型くずれしないよう、ネットに入れるのが基本。洗濯機のコースも確認を。

1 軽くたたむ

汚れが目立つ部分を外側に出すようにしてたたむ。

2 ネットに入れる

たたんだ状態で、洗濯ネットに入れる。

3 洗剤液を作る

洗濯機に水をため、適量の洗剤（ドライマークの衣料専用のもの）を溶かす。

4 コースを選び、衣類を入れる

ドライマークの衣料を洗えるコースを選び、衣類を入れて洗う。

手洗いの基本

手洗いは軽く押し洗いが基本。脱水しすぎるとシワになってしまうので注意。

1 たたんでネットに入れる

洗濯機洗いのときと同様に衣類をたたみ、洗濯ネットに入れる。

2 洗剤液を作る

洗剤（ドライマークの衣料専用のもの）を水に溶かし、洗剤液を作る。洗剤液の濃度は、洗剤の表示に従う。

3 軽く押し洗いをする

ネットに入れた衣類を洗剤液に入れ、15分ほど時間をおき、その後軽く押し洗いする。

4 脱水してすすぐ

ネットに入れたまま洗濯機で15～30秒ほど脱水。きれいな水につけ、1分ほど時間をおく。3～4をもう一度くり返す。

5 脱水して干す

ネットに入れたまま洗濯機で15～30秒ほど脱水し、形を整えて干す。

※洗剤や仕上げ剤は、それぞれの製品の表示に従って使う。

しみ・汚れの落とし方

食べこぼしなどのしみをつけてしまったり、汚れがひどくなったりしたものは、洗濯前に前処理を！

洗濯前のひと手間で しつこい汚れもすっきり

軽い汚れなら洗濯機洗いだけで十分ですが、しみをつけてしまったものや汚れがひどいものは特別なケアが必要です。しみをつけた場合は、できるだけ早くしみ抜きをすることが大切。時間がたつとしみが落ちにくくなることがあるからです。しみの種類によってしみ抜きの方法が違うので、何のしみか確かめてからしみ抜きをしましょう。きれいに落とすコツは、こすらずにたたくこと。また、しみ抜きをした洋服はできるだけ早く洗濯します。家で洗えないものは、クリーニングに出す際、しみの位置と種類を伝えておきましょう。

汚れがひどいものは、洗濯機に入れる前に部分洗い用の洗剤などで前処理を。また、5〜6倍に薄めた洗剤液につけおきしたり、軽く手洗いしておいたりするのも効果的です。

しみ抜きの基本

しみは、時間がたつほど落ちにくくなるので、衣類にしみがついてしまったら「すぐに処理」が基本。

1 目立たないところに水や洗剤液を少量つけてみて、色落ちしないことを確かめる。

2 たたんだタオルの上に、しみのついた側を下にしておく。

3 水や洗剤液をつけたティッシュなどでしみの部分をたたく。

必ず、周りから中心へ！

✕ 中心から周りへたたくとしみが広がる

✕ こすると生地がけばだってしまうことがある

4 タオルにしみの色がつかなくなるまでくり返す。

しみの種類としみ抜きの仕方

しみ抜きの仕方を間違えると、かえってしみが落ちにくくなることがあるので注意!

種　類	しみ抜きの仕方
コーヒー、しょうゆなど	水またはお湯でたたく
酒類	水またはお湯でたたく
血液、インク	水でたたく
口紅、ファンデーションなど	あればベンジンをつけてたたく
カレー	食器用洗剤の原液をつけてたたく
チョコレート	あればベンジンをつけてたたく

洗濯前の汚れの前処理

ひと手間かけると、しつこい汚れもすっきり。汚れがひどいときは試してみよう。

えりやそで口の汚れ

洗濯機に入れる直前に、部分洗い用の洗剤を塗ったりスプレーしたりする。

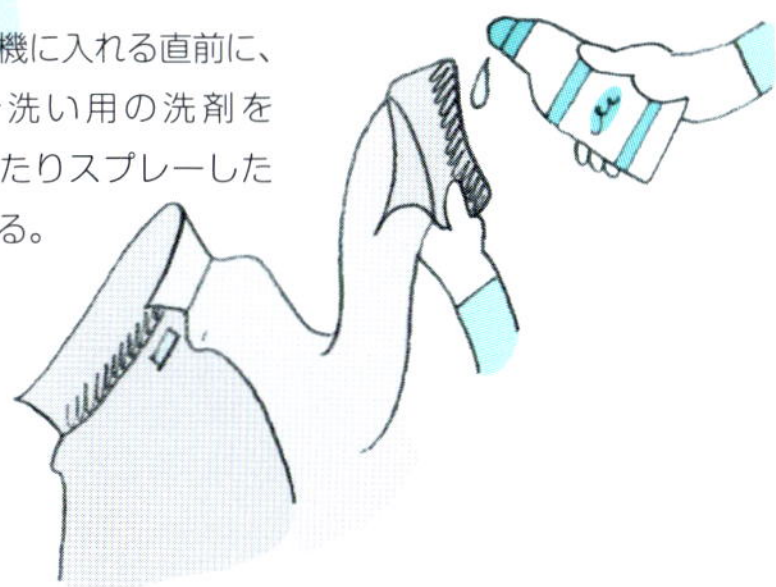

全体的な汚れ

洗剤をぬるま湯で５～６倍に薄めたものに洋服をつけ、１時間ほど時間をおく。

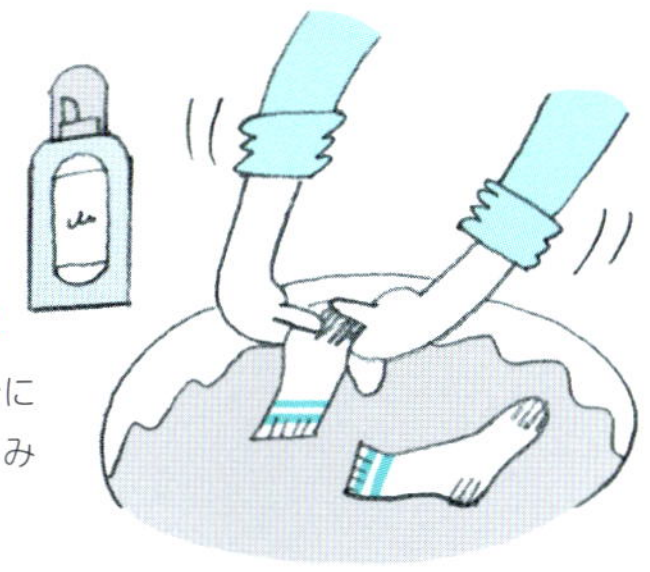

しみなどの部分的な汚れ

汚れが気になる部分に洗剤をつけ、軽くもみ洗いする。

※洗剤や仕上げ剤は、それぞれの製品の表示に従って使う。

アイロンがけのコツ

難しそうなイメージがあるけれど、コツさえ覚えれば簡単。スチームにはいやなにおいをとる効果もあります。

しわを伸ばし 繊維をふんわりとさせる

しわになりやすい服は、洗濯の後や着る前にアイロンがけをします。仕事用のワイシャツはクリーニングに出す人もいますが、上手にアイロンをかけることができれば自宅で洗えます。また、アイロンのスチームには、繊維のハリをよみがえらせる効果も。パリッとさせたい服はもちろん、ニットなどをふんわりさせるのにも役立ちます。

アイロンをかける前には、服についている表示をチェック。素材によって適温が違うので、正しい温度でかけるようにしましょう。アイロンをかける服を広げるためのアイロン台や当て布のほか、霧吹きやスプレータイプののり剤なども用意しておくと便利です。また、洗濯して干すときにしわを伸ばし、形を整えておくようにすると、アイロンがけがずっとラクになります。

アイロンのかけ方

1 ひざのたるみを直す

ひざの部分にアイロンを浮かせて当ててスチームをかける。

2 折り目をつける

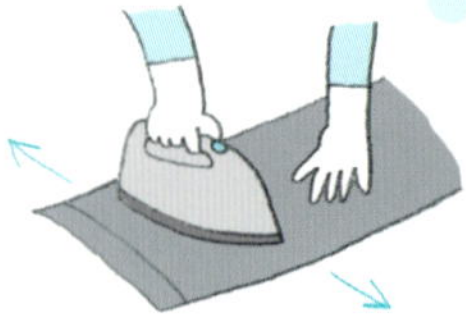

股下～裾までの縫い目を合わせてたたみ、上から押さえるようにアイロンを当てて折り目をつける。

3 腰回りのしわをのばす

ウエストの部分をアイロン台の端にかぶせ、アイロンを軽くすべらせる。

※ウールの場合は当て布をする。

衣類の表示

 高	高温（約180～210度）でかけるのがよい。
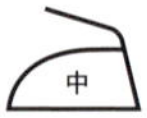 中	中温（約140～160度）でかけるのがよい。
 低	低温（約80～120度）でかけるのがよい。
 高	アイロンをかけるときは当て布をする。
	アイロンをかけてはダメ。

※表示はJIS L0217より引用

シャツ

1 そで

縫い目に合わせて袖の形を整え、アイロンを軽くすべらせる。カフスの部分は、内側にアイロンの先を入れるようにしてかける。

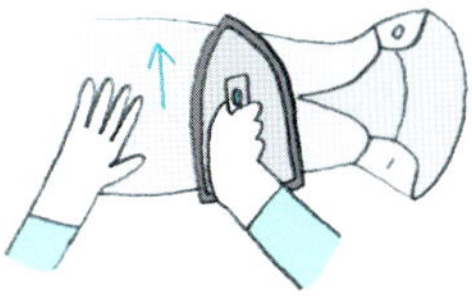

POINT

パリッと仕上げたいときは、
全体に霧吹きで水をかけ、ドライでアイロンをかける。

えりなどにのりづけしたいときは、
アイロンをかける前にのり剤をスプレーする。

2 肩

アイロン台の端にシャツをひろげてのせ、アイロンを軽くすべらせる。

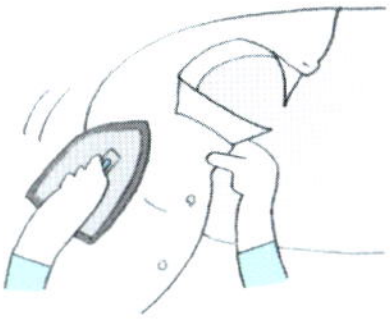

3 前身ごろ

全体にアイロンを軽くすべらせる。ボタンの周りは、アイロンの先を使う。

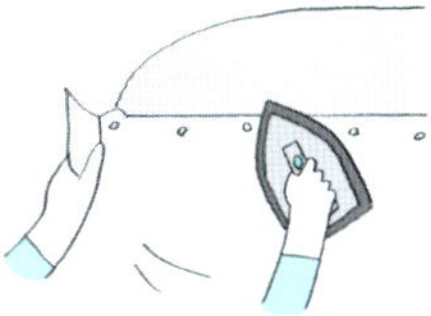

4 後ろ身ごろ

全体にアイロンを軽くすべらせる。

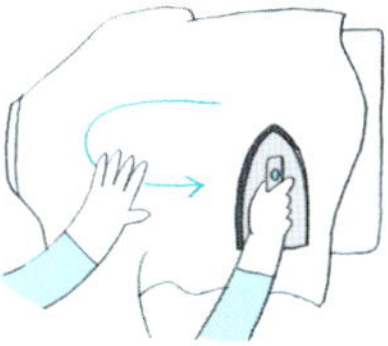

5 えり

両端から中央にむかってアイロンを軽くすべらせる。

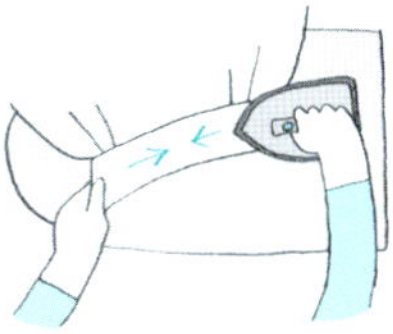

ニット

アイロンを浮かせてスチームをかける。しわが気になる場合は、スチームを当てた後、手でしわをのばす。

ジャケット

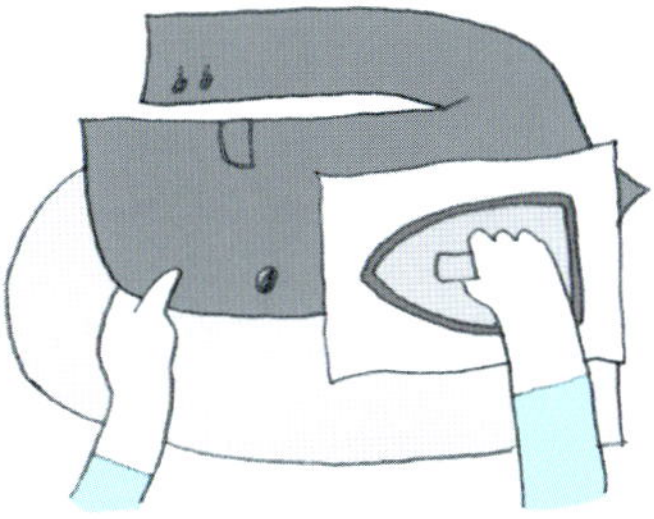

アイロン台に広げ、当て布をしてアイロンを軽くすべらせる。とくにしわが気になる部分は、当て布を外し、アイロンを浮かせてスチームをかける。

小物の手入れ

**おしゃれのポイントになる靴やバッグも
しっかり手入れを。
型くずれしやすい革製品は、とくに注意が必要です。**

型くずれしやすい革製品はこまめにケア！

洋服のほか、靴やバッグ、アクセサリーなどもきちんと手入れをしておきたいアイテム。とくに靴やバッグといった革製品は、手入れが十分でないと風合いが悪くなったり、型がくずれたりしがち。日ごろのこまめなケアはおしゃれのためだけでなく、お気に入りのアイテムを長持ちさせることにもつながります。きれいに保つ基本は、同じものを続けて使わず、使った後はすぐに手入れをすること。とくに靴は、その日のうちにブラッシングをしてほこりを落とし、週に一度はクリーナーやクリームを使って磨きます。

女性の場合は、マフラーやストールといった布製の小物や、貴金属などの手入れも忘れずに。自分では気づかなくても、他人には何となく汚れて見えたりすることもあります。定期的にクリーニングなどのケアを心がけましょう。

革靴の手入れ

靴はこまめに手入れをするほど、きれいが保たれるだけでなく長もちする。

1 ほこりを落とす

全体にブラシをかけ、ほこりを落とす。

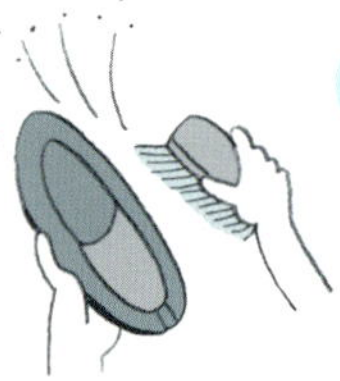

2 汚れを落とす

柔らかい布に革用のクリーナーをつけ、小さな円を描くようにこすって汚れを落とす。

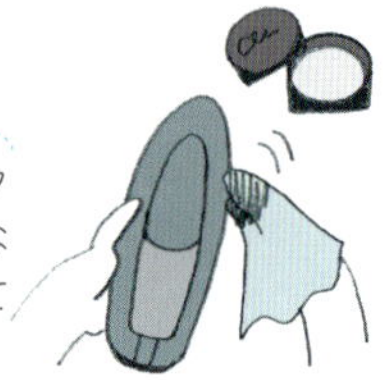

3 ツヤ出し＆栄養補給

柔らかい布に革用のクリームをつけ、全体に塗って磨く。

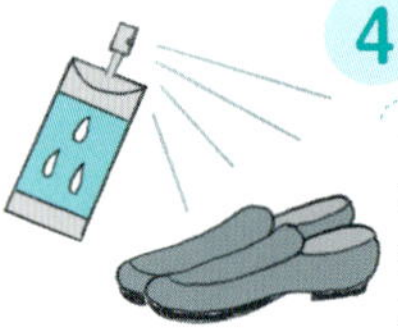

4 汚れと水分から靴を守る

できれば防水スプレーをかけておく。水分・油分から靴を守り、汚れをつきにくくする。

POINT

靴のにおいが気になるときは…

脱いだ後、靴用の消臭剤をスプレーしておく。同じ靴を続けて履かないようにする。

雨でぬれたときは…

外側の水けをふきとり、内側に丸めた新聞紙を詰める。形を整え、風通しのよい日陰で完全に乾かす。その後、普段と同じ手入れをする。

ストールなどの手入れ

ストールなどのシーズンものは、しまう前にも手入れをしないと、しみや落ちない汚れの原因になる。

1 風を通す

使った後は、ハンガーなどにかけて風通しのよいところに。

2 ほこりを落とす

洋服用ブラシでほこりをはらっておく。

3 定期的に洗う

ドライマーク用の洗剤を使って洗うか、クリーニングに出す。

アクセサリーの手入れ

金、プラチナ、シルバーなど、素材に合せた手入れをしよう。

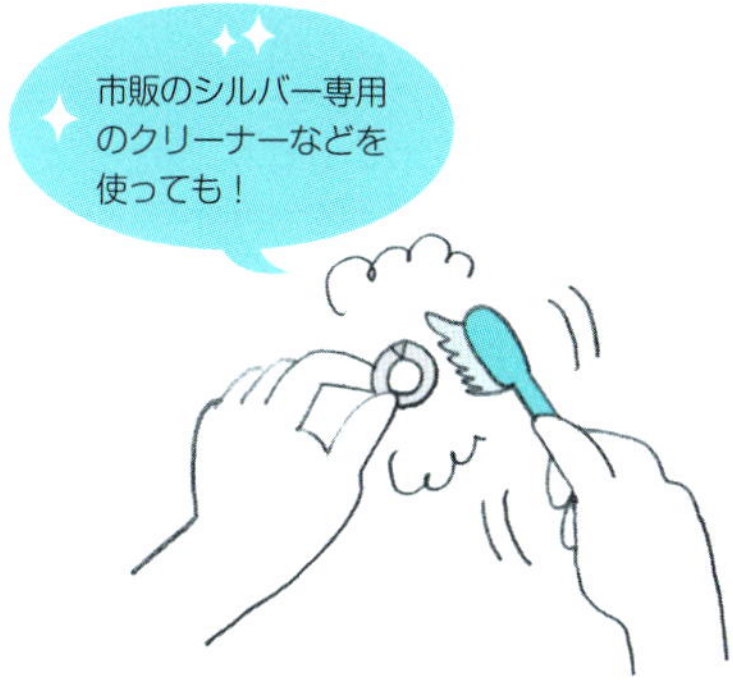
市販のシルバー専用のクリーナーなどを使っても！

金・プラチナは洗剤でつけおき

ぬるま湯に食器用洗剤を少量とかした洗剤液にアクセサリーをつけ、5分ほど時間をおく。

シルバーは練り歯磨きで

シルバーのアクセサリーは、やわらかめの歯ブラシに練り歯磨きをつけて軽くこする。練り歯磨きのかわりに重曹を使ってもよい。

クリーニングに出すときは

大切な服は無理して自分で洗うより、プロにまかせて。
クリーニングに出すときのポイントも知っておきましょう。

店の表示などを見て信頼できる店を選ぼう

家庭用洗濯と大きく異なるのが、ドライクリーニング。ドライクリーニングとは、水の代わりに揮発性の溶剤（石油系溶剤など）と、専用の洗剤を使って衣類を洗う方法です。油性汚れをよく落とし、繊維を傷めにくいという長所を持っています。型崩れや色落ちしやすい衣類にも適しています。また、クリーニング店での水洗い（ランドリー）は、専用の洗濯機で、温水を用いてしっかりと洗う洗浄方法です。洗いの面だけでなく、仕上げが不安な衣類をクリーニング店に出すというのも、クリーニング店を上手に活用するひとつのポイントです。

クリーニングのトラブルを防ぐためには、信頼できる店を選ぶことが大切です。目安になるのが、店に「ＬＤマーク」や「Ｓマーク」が表示されていること。これらの表示があれば、一定の技術がある店だと思って大丈夫です。また、店のシステムや店員さんの対応も大切なチェックポイント。服を預けたときに預かり証を発行してくれるか、処理方法やメンテナンス方法を相談したときにきちんと対応してくれるかなども確認しましょう。

クリーニング前後のチェックを忘れずに

クリーニングに出すときは、まずポケットをからっぽに。次に、生地のほつれ、ボタンのゆるみなどがないことを確認します。しみや気になる汚れがあるときは、預けるときにしみの場所と種類を説明しておきましょう。クリーニングによって微妙に色や風合いがかわることもあるので、上下セットのスーツなどは必ず一緒にクリーニングに出します。

受け取るときは預かり証を持っていき、預けたものがすべてそろっていることを確認。また、しみが落ちているか、ほつれがないかなどもチェックしましょう。

Check! クリーニング店で確認したい表示

Sマーク

厚生労働大臣の認可を受けた標準営業約款制度に登録されていることを表す。

LDマーク

組合の加盟店であることを表す。

クリーニングに出すときは?

クリーニングに出す前には、ポケットの中身や汚れのチェックを忘れずに。

家でチェックすること

- □ ポケットにものが入っていないか
- □ ほつれやボタンのゆるみがないか
- □ しみや汚れがついていないか
- □ 特殊なボタンや飾りはついていないか(可能であればはずす)

クリーニング店で

- □ ほつれなどがある場合は伝える
- □ しみや汚れがある場合は、場所と汚れの種類を伝える
- □ 預かり証を受け取る

品物を受け取るときは?

品物を受け取ったら、店でかけてくれるビニールから出して風にあてよう。

クリーニング店で

- □ 預かり証と付きあわせ、内容と枚数を確認
- □ しみや汚れはおちているか
- □ 気づいた点はすぐに伝える

自宅で

- ビニールから出し、風に当てる。

ビニールに入れたままにしておくと変色などの原因になることがある。

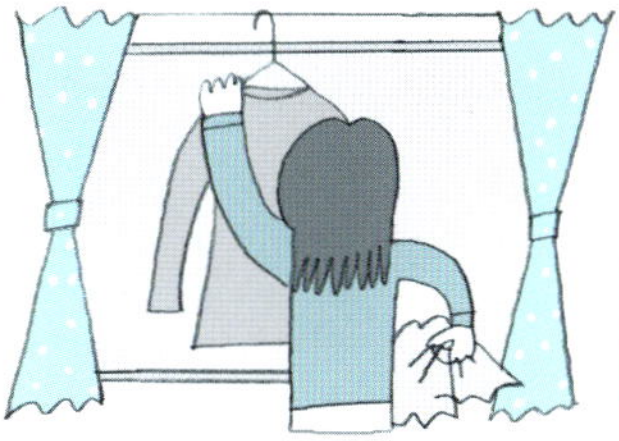

- 汚れた衣類とは分けて収納する。

一緒にすると、カビや害虫がうつることがある。

お手軽エクササイズで元気になる!

ひとり暮らしを始めると、食生活や生活リズムの変化のせいで、気がつくとちょっとポッチャリ……ということも少なくありません。スタイル維持のため、日ごろからこまめに体を動かすようにしましょう。たとえばテレビを見ているとき、CMの間だけでもエクササイズをしてみては? これだけでやせるのは難しくても、体を動かす習慣が身につき、ストレス解消にも役立ちます。

わき腹にきく!

いすに座り、顔は正面に向けたまま体を体をひねる。

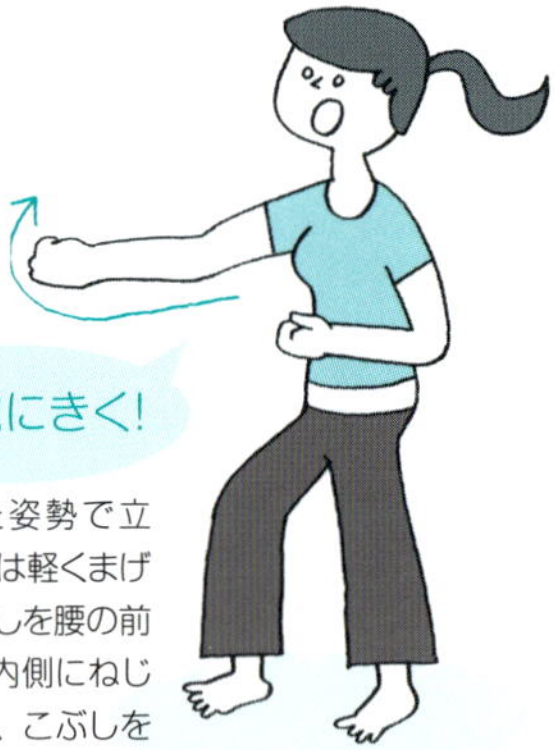

二の腕にきく!

安定した姿勢で立ち、両腕は軽くまげて、こぶしを腰の前に。腕を内側にねじりながら、こぶしを前へ突き出す。

おなかにきく!

仰向けに寝て、足を肩幅に開いてひざをまげる。両手を合わせてまっすぐ伸ばし、肩が床から持ち上がるぐらいまで上体を起こす。

第6章 ひとり暮らしのお金と安全

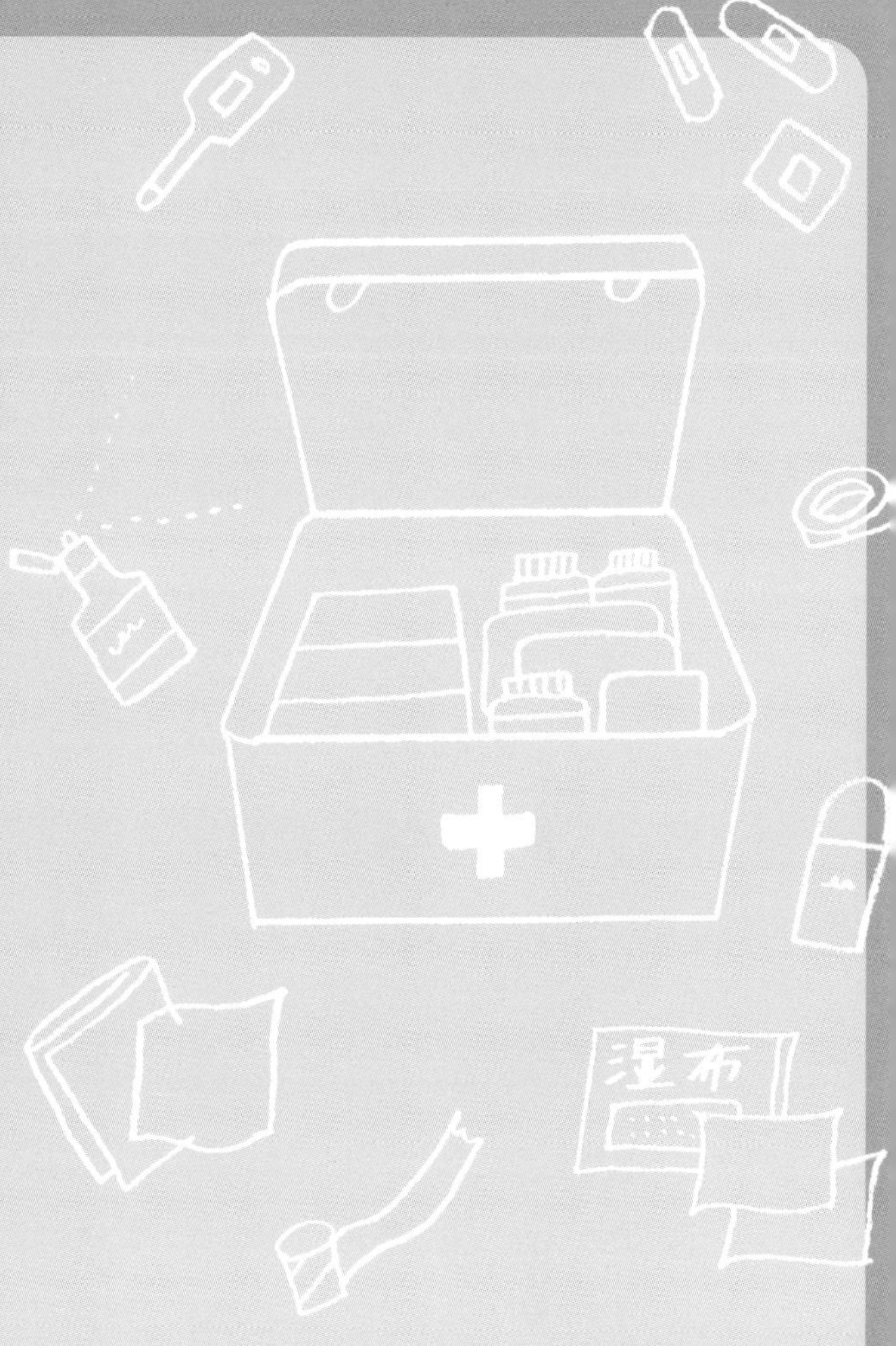

ひとり暮らしをするときには、自分でお金を管理し、
自分でさまざまなトラブルから身を守る知識や知恵が必要です。
「なんとかなる」と気楽な気持ちでいると、
あとで困ったり痛い目にあったりすることもあるのです。
気持ちを引き締めて、お金や安全について考えてみることが大切です。

ひとり暮らしにかかるお金

**生活していくためには、予想以上にお金がかかります。
赤字にならないよう、収入を考えてお金の管理を！**

お金の使い方に優先順位をつけよう

ひとり暮らしを始めると、生活に必要なお金はすべて自分で支払わなくてはなりません。何も考えないでお金を使ってしまうと、遊びにお金を使いすぎて家賃が払えない……なんてことに。使うお金には優先順位があることを覚えておきましょう。

いちばん優先順位が高いのは、家賃や保険料。1か月または1年に支払う金額がきっちり決められているので、まずこの支払い分を確保しましょう。2番目は、光熱費や通信費、食費などの生活費。工夫次第で節約することはできますが、ゼロにはなりません。最後は、洋服や化粧品、交際費、趣味のための出費といったお金です。優先順位は低いけれど、少しは確保したいところです。

日常的な生活費だけでなく、急な入院やけがなどにかかる医療費や、冠婚葬祭のご祝儀など、予想外の出費もあります。いざというときに困らないよう、少しずつでも貯金をしておくと安心です。

メリハリのある使い方を考えよう

何にどのぐらいお金がかかるかは、生活スタイルによって違ってきます。もちろん、ムダづかいはしないのがいちばん。でも、だからといって節約することばかり考えてしまうと、毎日の暮らしを楽しめなくなってしまいます。

たとえば、おしゃれが大好きな人が何か月も洋服を買わずにガマンするのは辛いもの。それよりは、食費や交際費など別の部分で節約し、洋服を買う工夫をするのがおすすめです。むやみにガマンを続けるとストレスがたまり、衝動買いに走ってしまうこともあります。

自分は何にお金をかけたいのかをよく考え、収入の範囲内でメリハリのある使い方をしましょう。

毎月使えるお金は？

ちょこちょこ銀行からお金を引き出して、なんとなく使うのはムダづかいのもと！　自由に使える金額を知っておこう。

手取りの収入 − 生活に必要なお金（家賃、保険料、光熱費、食費など） − 貯金 ＝ 自由に使えるお金（洋服、交際費、趣味に使うお金など）

お金の使い方の例

自分の生活スタイルに合わせて、お金を使うところ、抑えるところのバランスをとろう。

=見直しポイント

手取りの収入		200000円
生活に必要なお金	家賃	65000円
	保険	7000円
	電気代	3000円
	ガス代	3000円
	水道代	1500円
	電話代	3000円
	携帯電話代	9000円
	ＮＨＫ受信料	2690円
	プロバイダー料金	4000円
	ケーブルテレビ代	4500円
	駐輪場代	2500円
	食料品代	20000円
積み立て貯金		10000円
自由に使えるお金	洋服代	10000円
	化粧品・日用品	10000円
	本・ＣＤ・ＤＶＤなど	5000円
	交際費・外食費	20000円
	美容院代	7000円
残り		12810円

携帯を
使いすぎない
ようにする！

ケーブルテレビは
解約するかも。

もっと安い
プロバイダーを
探してみる。

駅まで徒歩18分。
自転車を
やめて歩く？
雨の日だけバスに
乗ったとして、
片道200円だから、
駐輪場代より安いかも。

あと
１万円ぐらい
使いたい！

本は図書館、
CDやDVDは
レンタルを利用！

コンサートに
行ったりしたいから、
あと１万円！

ギリギリで、
ちょっと不安。

家計簿のつけ方

上手にお金を使う第一歩は、自分のお金の使い方を知ること。簡単なものでもよいので、家計簿をつけてみましょう。

家計簿をつけて家計のムダを知ろう

自分のお金の使い方を知り、きちんと管理するためには、家計簿をつけてみるのがおすすめです。基本は、使ったお金を費目ごとにわけて記入していくこと。毎日つければ残金がわかるので、計画的にお金を使うのに役立ちます。また1か月ごとに各費目の合計を出せば、何にいくら使ったのかがわかり、お金の使い方を見直すことができるでしょう。

手書きでもパソコンでもOK

家計簿は手書きでかまいませんが、パソコンを持っているなら、市販の家計簿ソフトや表計算ソフトを使うのもおすすめ。計算がラクで確実なだけでなくて、結果をグラフ化することもでき、家計簿をつける楽しみがアップします。また、インターネット上には、無料で使える家計簿ソフトもあります。さまざまなものがあるので、自分にとって使いやすいものを選びましょう。

続けてこそ意味がある！

家計簿をつけるときに注意したいのが、がんばりすぎてしまうこと。完璧をめざそうとすると、たいへんすぎて挫折してしまうことも。家計簿はキッチリつけることより続けることのほうが大切。細かい記録や計算が苦手な人は、無理なく続けられるように手軽な方法を工夫するとよいでしょう。

たとえば、費目を細かく分けず、どこでいくら使ったかだけを書くようにしたり、10円未満は切り捨てて、計算をラクにするルールを自分で決めたり……。家計簿をつけること自体が面倒なら、お金を袋分けして管理するのがおすすめ。1か月分の生活費を費目や週ごとに袋分けしておき、その予算内で生活するようにしてみましょう。

家計簿をつける3つのコツ

1 その日のうちにつける

「後でまとめてつけよう」と思っても、実際にはつけないことがほとんど。

2 完璧をめざさない

1円単位までキッチリ管理するのは、意外に難しい。

3 ラクな方法で

たいへんなことは続かないもの。ほどよく手抜きをするなど、自分に合った方法で。

家計簿つけをラクにする！

家計簿は、つけることよりも続けることが大切。ラクして続けよう。

費目を細かく分けない

「食費」「日用品」「化粧品」などと、買ったものを細かく分けるのはたいへん。面倒なら、買いものをした店と合計金額だけ書いておく。

6月2日	さくらストア	1050円
6月2日	すずらん書店	680円
6月4日	あじさいマート	1420円

おおよその金額で記入する

とくに手書きの場合、1円単位までつけていくと後の計算が面倒。計算をラクにする自分なりのルールを決めておく。

10円未満は切り捨て！

ノート	252円	→ 250円
かぜ薬	1429円	→ 1420円

100円未満は四捨五入！

ランチ	1250円	→ 1300円
ストッキング	515円	→ 500円

気づいたときにメモしておく

気が向いたときだけでも、買ったものとおおよその金額を手帳などにメモしておくと、ムダづかいの傾向がわかる。

お金を袋分けして使う

●費目で分ける

月の初めに、自由に使えるお金を「洋服」「交際費」など使う目的別に分けて封筒に入れておく。買いものをするときは、それぞれの封筒からお金を出す。

●週で分ける

月の初めに、自由に使えるお金を週数分に分けて封筒に入れておく。「1週間で使ってよいのはこれだけ」とはっきりわかるので、管理しやすい。

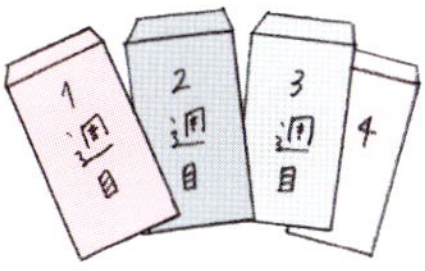

家計簿はどうつける？

ここであげているのは家計簿のつけ方の一例。費目は自分で調整しよう。

月日	食料品	外食代	洋服代	化粧品日用品	交際費	本·CDなど	その他	残高
6月1日	1220				1300			70000
2日		980		350				
3日	880		3900			480		
4日					1400			
週の合計	2100	980	3900	350	2700	480	0	59490
5日	1426			398			886	
6日						450		
7日	448						1240	
8日	290	850						
9日					880			
10日	1890		4900					
11日						1300		
週の合計	4054	850	4900	398	880	1750	2126	44532
12日				1280	380			
13日							7000	
14日	890					850		
15日		1160						
16日	1653					280		
17日		880	6500					
18日							1533	
週の合計	2543	2040	6500	1280	380	1130	8533	22126
19日	1477			4210				
20日					890		790	
21日	260	880		480				
22日	980				280			
23日							1750	
24日	2100					750		
25日					1988			
週の合計	4817	880	0	4690	3158	750	2540	5291
26日							860	
27日		890		398				
28日		1050				260		
29日	1366							
30日				350				
31日	889				1240		550	
週の合計	2255	1940	0	748	1240	260	1410	-2562
月の合計	15769	6690	15300	7466	8358	4370	14609	
総合計							72562	-2562

1か月に使えるお金の合計
(自由に使えるお金と食料品代の合計など)。

面倒なら、残高の計算は毎日しなくてもよい。

おおよその金額で書いてもよい。

毎日つけるのが面倒なら、レシート類をとっておいて1週間の合計金額だけ記入する。

1か月に使えるお金から、実際に使ったお金を引く。

マイナス＝赤字。何にお金を使いすぎたのかを考えて！

1か月に使ったお金の費目ごとの合計。

1か月に使ったお金の総合計。

費目の分け方の例

費目の分け方に決まりはないので、自分なりにルールを作っておけばよい。

食料品代　自炊のための食材や、テイクアウトのお惣菜、お弁当など。

外食代　外食のための費用。

洋服代　衣料品や靴など。

化粧品日用品代　化粧品や、洗剤、ティッシュペーパー、ごみ袋などの消耗品。

交際費　友だちと出かけるときに使ったお金。ただし食事代は外食代へ。

その他　分類が難しいものは、あまり悩まず「その他」へ。

オリジナルの費目の例

よくお金を使うものについては、専用の費目を立てておくと便利。ただし、費目を多くしすぎると、記入や計算がたいへんになるので注意して。

本・CD代　本やCD、DVDを買ったり借りたりしたお金を記入。

趣味費　習いごとの費用や材料代など、趣味のための費用をまとめて記入。

コンビニドラッグストア費　コンビニやドラッグストアで細かい買いものをするのが好きなら、専用の費目を作っておく。

ペット費　ペットを飼っているなら、ペットのために使うお金をまとめておいても。

生活費を節約する

節約はひとり暮らしの基本。光熱費や毎日の買いものなど手軽にできることから始めてみましょう。

楽しみながらできる節約法を考えよう

生活費を抑えることは、自由に使えるお金を増やすことにつながります。家賃や保険料などはがんばっても切り詰めることはできませんが、その他のものは工夫しだいで出費を減らすことができます。小さな節約も、積み重ねればそれなりの金額に。お小遣いアップをめざして節約に励みましょう。

まず心がけたいのが、電気、ガス、水道料金を抑えること。ムダづかいしないようにすれば光熱費が安くなるだけでなく、環境保護にも役立ちます。自炊派なら、食材をきちんと使いきることも大切な節約法のひとつ。いろいろな店のポイントカードなどを上手に使うことも手軽にできる節約術です。そのほかにも、節約につながるワザはたくさん。自分の生活スタイルなどに合わせて、楽しみながら続けられる方法を探してみましょう。

電気料金を節約するコツ

こまめに消すだけでなく、契約や電気料金の支払い方法にも節約のポイントがある。

電気料金のしくみを知る

電気料金＝基本料金＋(電気使用量×単位料金)

基本料金は契約アンペア数によって違うので、自分の部屋に必要な電力量に合わせて見直してみても。

契約アンペア数による基本料金の違い

契約アンペア数	基本料金
10A	280.8円
15A	421.2円
20A	561.6円
30A	842.4円
40A	1123.2円
50A	1404.0円
60A	1684.8円

(東京電力)

口座振替で払うと割引に

電気料金を口座振替で支払うと、1か月につき54円割引になる。

待機電力をカットする

電化製品の電源を切っても、主電源が入ったままだとわずかな電力が使われている。使わないときは、コンセントからプラグを抜こう。

こまめに電気を消す

トイレ、浴室、キッチンなどの電気のつけっぱなしに注意する。

電球は蛍光灯型に

電球は、白熱球よりも蛍光灯型のほうが、ワット数が少なくても明るく、長持ちする。

ガス料金を節約するコツ

ガス代の節約には、おもにガスを使うガスコンロとお風呂の使い方に注目。

ガス料金のしくみを知る

ガス料金＝基本料金＋（ガス使用量×単位料金）

基本料金は、1か月のガス使用量によって違う。

1か月のガス使用量（㎥）	基本料金	単位料金（1㎥あたり）
0～20	745.2円	144.23円
20～80	1036.8円	129.65円
80～200	1209.6円	127.49円

（東京ガス／東京地区等・平成28年1月検針分の例）

調理は中火で

鍋の底からはみ出すほど強火にしても、熱が逃げるだけ。火の強さは、炎が鍋の底にきちんと当たる程度にする。

シャワーやお風呂は適温で

給湯器の温度設定が高いほど、ガスの使用量も多くなる。熱すぎるお湯を使うのは避ける。

野菜の下ゆでは電子レンジで

お湯を沸かしてゆでるより、電子レンジで加熱したほうが、早くて安上がり。

水道料金を節約するコツ

節水グッズを使ったり、口座振替を利用したりして節約しよう。

水道料金のしくみを知る

水道料金＝基本料金＋（水使用量×単位料金）＋下水道料金

下水道料金は水使用量の料金と同量として計算される。

水の流しっぱなしをやめる

食器洗いや歯磨きのとき、水を出しっぱなしにしない。

洗濯はまとめて

少量ずつ毎日洗うより、ある程度ためて洗濯したほうが節水になる。

節水グッズを利用

水道の蛇口に取りつける節水コマや節水型のシャワーヘッドを使う。

お風呂の残り湯で洗濯

浴槽にためたお湯は、洗濯に利用。ただし、入浴剤などを入れると洗濯に使えないことも。

口座振替で払うと割引に

水道料金は、口座振替にすると1か月50円引きになる地域もある。

トイレの大小レバーを使い分ける

大レバーで流すと、小レバーの倍近い水が必要。上手に使い分けて節水しよう。

※料金は2016年1月現在

節約法のいろいろ

毎日の生活のなかには、無理せずできる節約法がいっぱい。できることから試してみよう。

NHK受信料はまとめ払い

ＮＨＫの受信料は、６か月分前払いすると約５％、１年分前払いすると約７％の割引になる。

振込手数料をチェック

家賃を振り込むときは、振込手数料をチェック。銀行によってサービス内容や手数料が違うので、安いところを探そう。

あまったはがきは切手と交換

あまった年賀はがきや書き損じたはがきは、捨てないで！　郵便局へ持っていけば、１枚につき５円の手数料を引いた合計額の切手と交換してもらえる。

よく行くところへは回数券で

特定の駅へよく行くなら、切符やプリペイドカードより回数券を使おう。10枚分の値段で11枚の乗車券が買える。

荷物を送るときは集荷より持ち込み

荷物を送るとき、無理なく持てるものであれば、集荷を頼むより自分で窓口へ。郵便局でも宅配便の会社でも、持ち込み分として料金を割り引きしてくれる。

友だちとまとめ買いで送料をカット

通信販売などは、一定料金以上の買いものをすると送料が無料になることが多い。友だちと一緒に利用して、送料を無料に。

カードは一括払いが基本

クレジットカードで買いものをするときは、できるだけ一括払いで。分割払いにすると、その分だけ利子がついてしまう。

行きつけの店でポイントをためる

スーパーマーケットや家電量販店では、買いものの金額に応じて、現金として使えるポイントサービスをしているところが多い。行く店を決め、効率よくポイントをためて。

洗剤などは詰め替え用を

洗剤やシャンプーなどは、２本めからは詰め替え用を買おう。容器の分だけ価格が安くなっている。

スポーツするならジムより学校

公立の小中学校では、日時を決めて体育館やプールを開放していることがある。無料または格安で利用できるので、市区町村の広報などでチェック。

食事や飲み会は場所を決めてから

飲食店は、インターネットなどで割引クーポンが手に入るところも多い。外食をするときは事前に店を決めておき、クーポンを探してみて。

空き巣を防ぐ工夫

ひとり暮らしの家は、どうしてもスキができがち。しっかりと防犯対策しましょう！

確実&こまめな戸締まりが基本

昼間、留守になりがちなひとり暮らしの部屋は、空き巣にねらわれることが珍しくありません。ちょっとした油断が被害につながることもあるので、日ごろから気を引き締めて。

いちばん大切なのは、こまめな戸締まりです。外出するときは、玄関や窓の鍵を必ず確認しましょう。近所のコンビニなどに行くときも、「すぐに戻るから」などと鍵を開けたままにするのは間違い。たとえオートロックのマンションであっても安心せずに、家を開けるときは必ず鍵をかける習慣を身につけましょう。

ピッキングに注意！

ピッキングとは、不正に鍵をあけて侵入・窃盗などを行う手口。鍵の種類によってはピッキングされやすいものがあります。また、前の入居者や関係者が合鍵を持っている可能性もあるので、できれば入居前に家主さんの許可を得て鍵の交換を。さらに、自分で取り付けられるタイプの補助鍵もつけておくと安心です。

日ごろから意識して防犯対策を

旅行や出張などで家を開けるとき、郵便受けに新聞や郵便物がたまっていると、留守であることがひと目でわかってしまいます。出発前に新聞の販売店には電話で連絡し、郵便局には不在届を出して、指定した期間の配達を止めてもらいましょう。留守番電話に「○月○日まで留守にします」といったメッセージを残すのも、やめたほうが安全です。

女性の場合は表札にも注意です。フルネームで書くと女性のひとり暮らしであることがわかってしまうので、苗字だけに。また、玄関の周りが暗かったり見通しが悪かったりする場合は、防犯ライトをつけておくと効果的です。

不在中の郵便配達をストップするには

1. 不在届に必要事項（氏名、住所、不在期間など）を記入し、捺印する。

   不在届の用紙は郵便局でもらうことができる。郵便事業株式会社のホームページからダウンロードすることもできる。

2. 最寄の郵便局に不在届を提出する。本人であることを確認できる身分証明書が必要。
3. 不在期間中に届いた郵便物は、すべて郵便局で保管しておいてもらえる。
4. 届け出た不在期間の後、止めてあった郵便物をまとめて配達してくれる。

空き巣を防ぐための注意ポイントは？

ちょっとした注意と工夫で、空き巣を撃退！

！ 窓の鍵も確実にかける！

！ 家を開けるときは、短時間でも必ず玄関に鍵をかける。

！ カーテンをしめて室内が見えないように。

！ 玄関の鍵は入居時に交換する。

！ 旅行などのときは、新聞や郵便物をストップ。

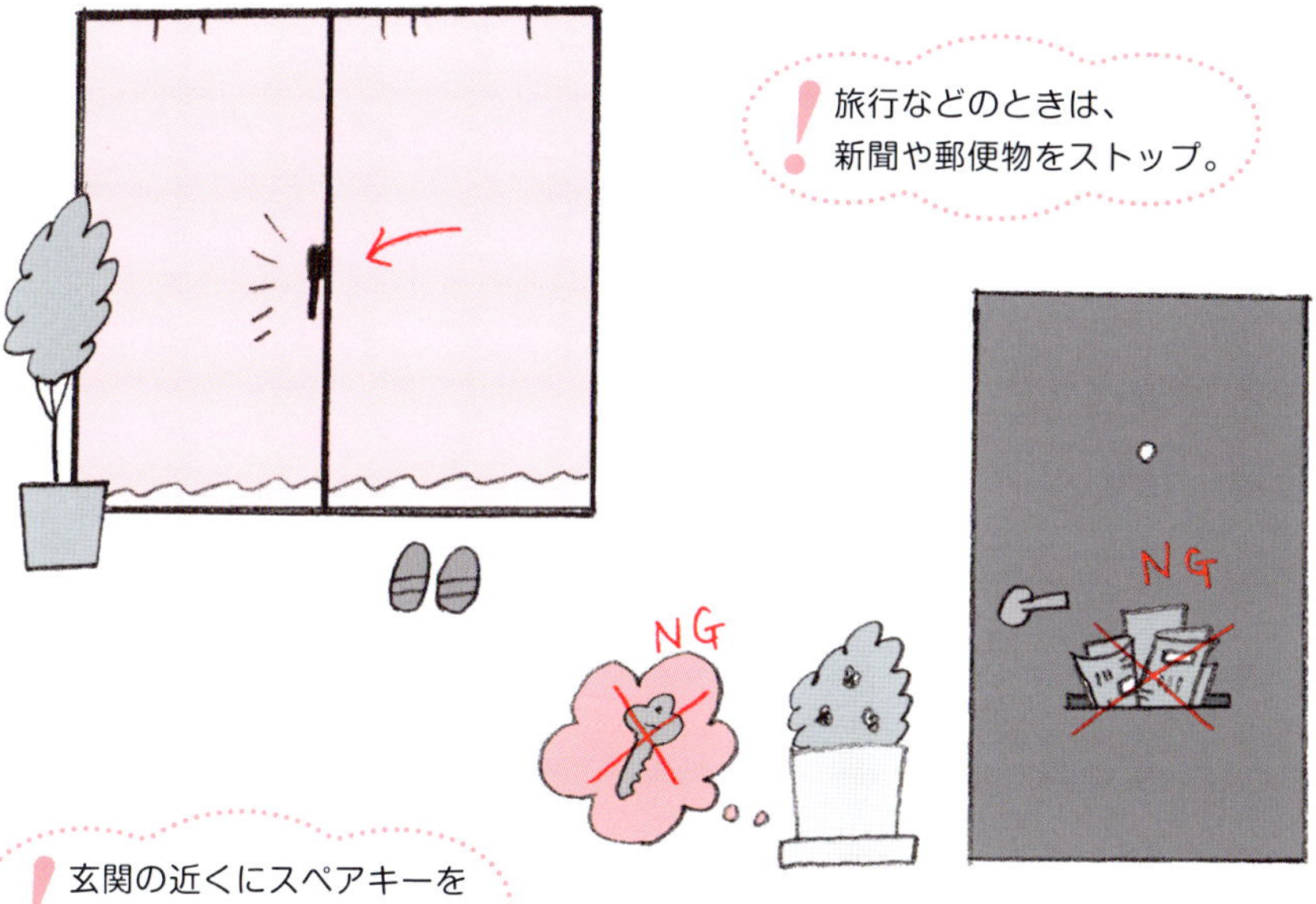

！ 玄関の近くにスペアキーを隠したりしない。

！ 自分で補助錠を取り付けてもよい。

！ 表札や郵便受けにはフルネームを書かない。

！ 近くで動くものに反応して点灯する防犯ライトを取り付ける。

不審者から身を守る

犯罪の被害を防ぐためには、自分で自分を守ることも必要。「私だけは大丈夫」なんて気を抜いていてはいけません。

知らない人には簡単にドアを開けない

とくに女性の場合、ストーカーや痴漢、おもしろ半分のいやがらせなどの被害にあうことがあります。日ごろから、身の回りの安全には十分に気をつけて。あやしい人には近づかず、少しでも「おかしいな」と思うことがあったら早めに家族や信頼できる友だちに相談しましょう。

　自分の部屋にいるときは必ず玄関に鍵をかけ、あればドアチェーンもかけておきます。また、約束なしに訪ねてきた人には、簡単にドアを開けないこと。インターフォンのモニターやドアスコープで相手を確認し、ドアを開ける場合もドアチェーンをかけたままにしましょう。

　マンションのエレベーターも、気をつけたい場所のひとつです。乗る前には近くに不審者がいないかどうか確認を。あやしい人と乗り合わせてしまったときはすぐに止まれる階の階数ボタンを押し、いったん降りてしまいましょう。また、知らない男性とふたりきりで乗るのも避けるようにします。日ごろから同じマンションの居住者には積極的にあいさつをし、顔見知りになっておくと安心です。

プライベートな情報の取り扱いにも注意

ストーカーやいやがらせによる被害を防ぐためには、個人情報の取り扱いにも注意が必要です。自分の住所や名前が書かれているものは、シュレッダーにかけるか細かく切ってからごみ箱へ。電話番号やメールアドレスも、信用できる相手にしか教えてはいけません。

　いたずらやいやがらせ電話には、冷静に対応するのがいちばん。受けてしまったときは落ち着いた声で「警察に通報します」と言ってすぐに切りましょう。番号非通知の電話は着信拒否にしておいたり、電話会社の迷惑電話撃退サービスなどを利用するのも効果的です。

Check!

夜、ひとりで歩くときの注意

- □人気のない道を避ける
- □夜道で不審者に気づいたら、コンビニなど人が多い店に入る
- □駅から自宅までの道がさびしい場合は、防犯ベルを持ち歩く
- □さりげなく周囲を見回しながら歩く
- □人が乗ったまま道路に停車中の車の横を通るときは、できるだけ車から離れる

自宅で注意したいことは？

とくに女性は、不用意にドアを開けたり、室内が見えたりしないように気をつけよう。

ドアを開ける前に周りをチェック

ドアを開けた瞬間に押し入られることがあるので、部屋に入る前に周りを確かめよう。

ドアを開ける前に相手を確認

予定外の訪問者にはドアを開けないのが基本。「どちら様ですか」と訪ね、ドアスコープなどで相手の様子も確認する。ドアを開けるときは、チェーンをかけたまま開ける。

「宅配便です」と言われた場合…
予定外の荷物の場合は、「どちらからの荷物ですか？」ときいてみる。差出人に心当たりがあればドアを開けて。

エレベーターでも用心を

乗り込む前に周りをチェック。知らない男性とふたりきりで乗るのは避ける。途中で不審な人が乗り込んできたりしたら、最寄の階ですぐに降りる。

鍵とドアチェーンをかける

室内に入ったら、すぐに鍵とドアチェーンをかける。

カーテンで室内をのぞかせない

夜、室内で明かりをつけると、外から丸見えになる。必ずカーテンをひいて目隠しをしよう。

洗濯物の干し方にひと工夫

洗濯物をベランダなどに干す場合、ひと目で女性用とわかるものは手すりで隠れる低い位置に干すなどの工夫を。

ごみの捨て方に注意

だれのごみか特定されるようなものは、そのまま捨てない。住所や名前が書かれているものはシュレッダーにかけよう。

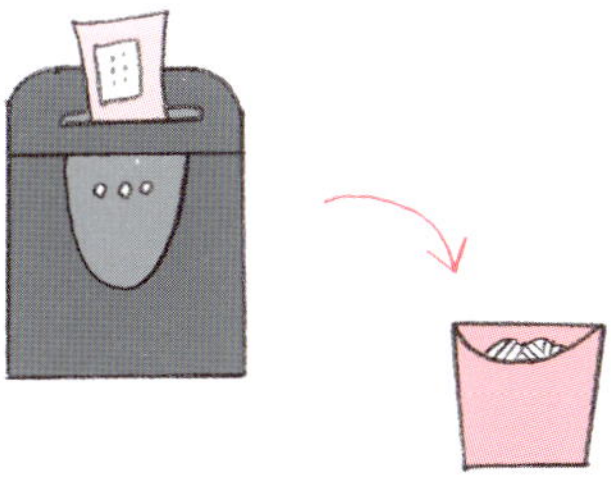

勧誘や訪問販売の対処法

知らない人が突然訪ねてきたり、電話をかけてきたりしたら要注意。強引な勧誘やセールスかもしれません。

勧誘やセールスはきっぱり断ることが大事

　アポイントメントなしに突然訪ねて来る人は、何かの勧誘や販売目的であることが少なくありません。基本はドアを開けず、話も聞かないこと。相手は営業のプロなので、うっかり話を聞くと相手のペースにのせられてしまうかもしれないからです。いちばん簡単な方法が、居留守を使うこと。チャイムが鳴ったらインターフォンのモニターやドアスコープで相手を確認し、対応する必要がないと思ったらそのままにしておきます。

　居留守を使うのが難しい場合は、相手の社名などを確認し、インターフォンまたはドア越しに対応を。あいまいな返事をするとつけこまれることがあるので、不用な場合は「いりません」などときっぱり断るようにします。

　訪問販売などの業者の中には、水道局やガス会社の関連業者を思わせるような社名を名乗り、「調査」という名目で家に上がりこもうとするところもあります。でも、こうした調査が事前の連絡なしに行われることはありません。「ガス会社さんからうかがっていないので」などと伝え、引き取ってもらいましょう。

電話でのセールスやおいしい話にも注意

　電話での勧誘やセールスも、きっぱり断るのが基本です。ただし、相手は自分の電話番号を知っているので、無言で切ったり失礼なことを言ったりするとトラブルの元になることも。あくまでもていねいな態度と言葉使いを心がけましょう。

　また、とくに注意したいのが、「よいアルバイトがある」「○○に選ばれました（当選しました）」などを理由に、どこかへ呼び出そうとするもの。実際に足を運ぶと高価なものを売りつけられたりすることがあるので、おいしい話は信用しないほうが安全です。

ひとり暮らしの小ネタ

いざというときはクーリング・オフ制度で解約

たくみなセールスに負けて、うっかり不用なものを買ってしまった場合、８日以内（訪問販売の場合）であれば解約することができます。これをクーリング・オフ制度といいます。解約するためには、相手に書面で通知する必要があるので、消費者センターなどに相談するとよいでしょう。

勧誘&セールス撃退法いろいろ

冷静に、きっぱりとした態度で対応しよう。

訪ねてきた場合

××社の○○と申します。□□のご案内にうかがったのですが……

必要ありませんので、けっこうです

○○水質調査の者です。水道局のほうから参りました

水道局からうかがっておりませんので、お引き取りいただけますか

水道局からうかがっておりません。確認したいので、所属部署とお名前、電話番号を教えていただけますか?

△△新聞を購読してもらえませんか?

もうすぐ引越す予定なので……

家族が××新聞に勤務していますので、新聞は××に決めております

電話の場合

△△社の××と申します。□□のご案内でお電話いたしました

必要ありませんので、結構です

申しわけありません。今から外出するところで急いでおりますので……

○○住宅販売の□□と申します。○川□子さんでいらっしゃいますか?

□子は、ただいま外出しております

□□社のスペシャル会員に選ばれました。くわしいご案内をいたしますので、弊社までお越しいただけませんか?

心当たりがありませんので、結構です

病気・けがに備える

**どんなに元気な人でも、病気やけがへの備えは必要。
最低限のものでよいので、薬や医療用品をそろえておいて。**

薬や医療用品を準備し緊急時に備えよう

日ごろから健康管理に気を配っていても、急な病気やけがは防げないこともあります。いざというときに備えて、準備を整えておくと安心です。

必ず買いおきをしておきたいのが、応急手当に必要な医療用品や常備薬。薬は、自分の体質に合わせて必要だと思われるものを用意しておきましょう。病気は、悪化してから治すより予防を心がけたほうが効果的。体調が悪いときは無理をせず、ゆっくり体を休めましょう。

また、ひとり暮らしを始めたばかりだと、どこにどんな病院があるかわからないこともあります。緊急時に迷わないよう、早めに病院の場所や診療科目をチェックし、電話番号や診療時間もひかえておきます。できればインターネットなどで検索し、病院の設備や利用者の評判などにも目を通しておきましょう。

準備しておきたい飲み薬は？

急に体調を崩したときに、薬がなにもないのは不安。最低限の薬をそろえておこう。

かぜ薬
かぜを治すのではなく、かぜの症状をラクにするためのもの。ひき始めの軽い症状なら総合感冒薬を。

解熱剤
熱を一時的にやわらげる。鎮痛作用があるものもある。

鎮痛剤
痛みを感じにくくする薬。頭痛や生理痛、歯の痛みなどをおさえたいときに。

整腸剤
腸の働きを整える薬。おなかの張りや便通の乱れが気になるときに。

胃腸薬
胃や腸の働きを整える薬。胃もたれや胃のいたみ、吐き気などがあるときに。

下痢止め
下痢や下痢に伴うおなかの痛みに作用する。下痢を抑えたいときに。

用法・容量を守る
市販薬は病院の薬より有効成分の含有量が少なめなので、効き目がマイルド。でも、効かないからと勝手に量を増やすと副作用が出ることもある。用法・容量は必ず守る。

薬剤師に相談して買う
同じ種類の薬でも、製品によって効き方などが違うことも。ドラッグストアなどには薬剤師がいるので、症状を伝えて薬選びを手伝ってもらうとよい。

水かぬるま湯で
薬に含まれる成分が一緒に飲むものの成分で変化することがあるので、薬は水またはぬるま湯で飲む。

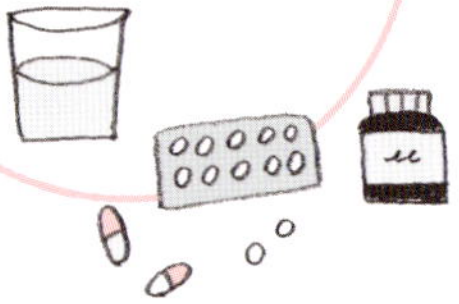

そろえておきたい医療用品＆外用薬は？

取り出しやすい場所に救急箱を用意。

体温計
正確に測れるデジタル式の体温計が便利。

消毒薬
すり傷、切り傷などの傷口を消毒する。

滅菌ガーゼ
傷口を守ったり、止血したりするときに。

包帯
患部に当てたガーゼなどを抑えたり、ねんざした部分を固定したりするときに。

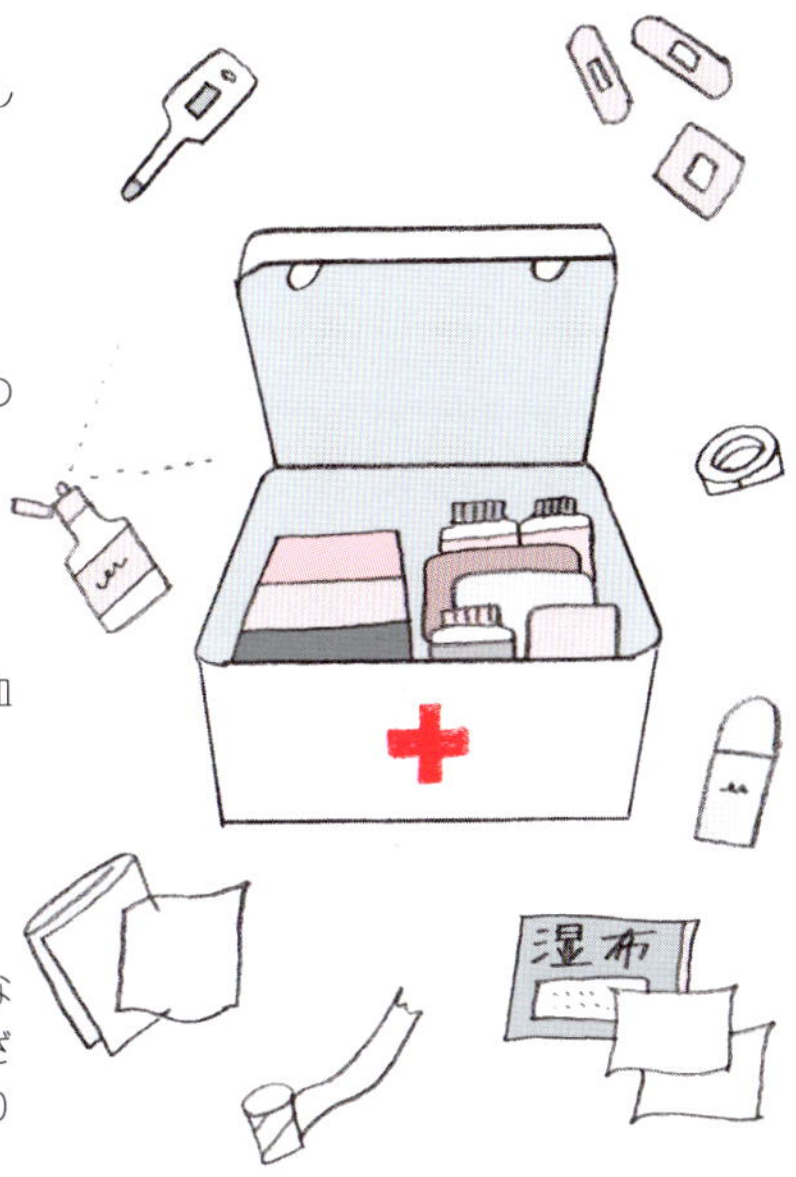

傷ばんそうこう
すり傷、切り傷などの傷口を守る。いくつかのサイズがセットになっているものが便利。

紙ばんそうこう
傷口に当てたガーゼや、包帯をとめるときに。

かゆみどめ
虫さされや湿疹などのかゆみを抑える。

湿布
ねんざなどの痛みをラクにする。症状にあわせて、温湿布と冷湿布を使い分けて。

ひとり暮らし体験いろいろ　ひとり暮らしの病気＆けが体験

夜中に胃痛で…
「家のすぐ近くにドラッグストアがあるから大丈夫」と、何も用意していなかった私。でも夜中に突然胃が痛くなって……。お店が近くても、開いていなければ買いに行けないんですよね。

備えあれば憂いなし
心配性なので、薬や医療用品の備えはバッチリ。ぎっくり腰で動けなくなったとき、湿布を買っておいた私ってえらい！と思いました。

ばんそうこうは必需品
包丁で手を切り、なかなか血が止まらない！家にばんそうこうがなかったので、指をティッシュでぐるぐる巻きにしたままコンビニへ走るハメに……。

かかりやすい病気の知識

体調が悪いときは、無理をしないことが基本。病院で診察を受け、ゆっくり体を休めましょう。

よく見られる病気について知っておく

ひとり暮らしだと、病気のときの不安感も大きいもの。落ち着いて対処できるよう、病気に関する基礎知識を身につけておきましょう。

●かぜ

軽いのどの痛みや鼻水などから始まり、発熱やせきなどの症状が現れます。病院での治療は対症療法が中心なので、症状が軽ければセルフケアでもOK。ゆっくり体を休めれば1週間ほどで治ります。

●インフルエンザ

かぜと症状が似ていますが、高熱が出て関節痛や筋肉痛が起こるのが特徴。発病して48時間以内ならウイルスの増殖を抑える薬があるので、早めに病院へ。予防には、流行しはじめる2週間前までに予防接種を受けておくのが有効。

●食中毒

おもな症状は腹痛、下痢、吐き気、発熱など。抗生物質による治療が必要なこともあるので、必ず病院へ。自宅ではこまめな水分補給を心がけましょう。予防には、こまめな手洗いと、肉や魚は中まで火を通すことなどが役立ちます。

●頭痛

頭の片側がズキンズキンと痛む片頭痛や、頭がしめつけられるように痛む緊張型頭痛など、いくつかのタイプがあります。片頭痛の場合は、短時間でも横になって眠るのがいちばん。緊張型頭痛は軽く体を動かして血行をよくすると痛みが軽くなることがあります。これらの頭痛はとくに心配がないものですが、ほかの病気が原因で痛みが起こることもあるので、くり返し起こる場合は病院で受診しましょう。

●膀胱炎

女性に多い病気で、排尿の回数が増えたり排尿時に痛みがあったりするのが特徴。病院で診察を受け、飲み薬で治療します。自宅では、水分補給をしっかりと。

Check!

健康管理の基本

- □睡眠はしっかりとる
- □規則正しい生活を送る
- □食事は1日3回
- □栄養バランスを考えて食べる
- □寝る直前の食事やおやつは避ける
- □お酒を飲みすぎない
- □タバコはすわないのがベスト。無理なら本数を減らす
- □趣味を楽しんでストレスを発散する

体調アップに役立つセルフケア

セルフケアで病気にならないよう予防をしよう。

肩こりの予防＆改善に

緊張型頭痛の予防&改善にも!

首をゆっくり回す。

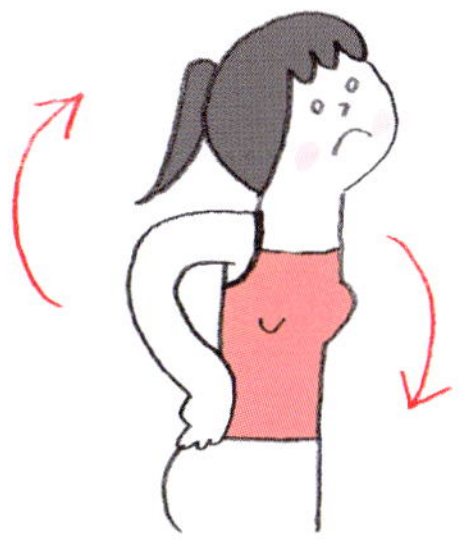

腕を曲げた状態で、
肩をゆっくりまわす。

便秘の予防＆改善に

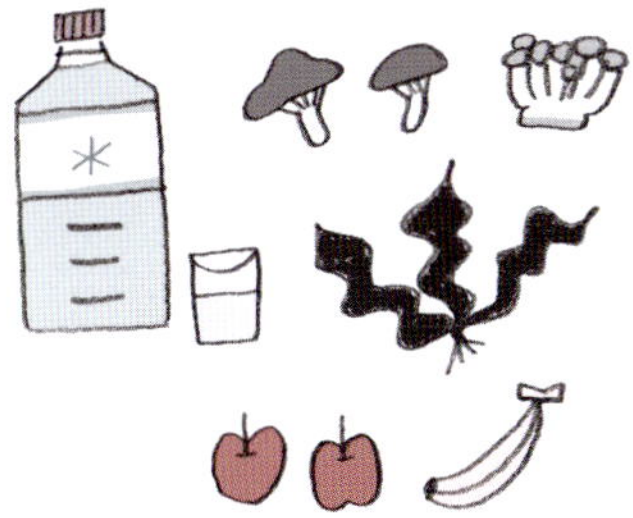

水分をたっぷりとり、海草やきのこ、
くだものなどから水溶性食物繊維をとる。

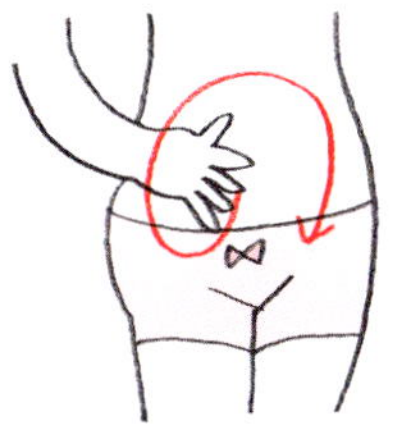

「の」の字を描くように
おなかをマッサージする。

寝つきの悪さの予防＆改善に

寝る前に、ホットミルクやカフェインの
入っていないハーブティーなどを飲む。

鼻づまりの改善に

蒸しタオルを顔にのせ、
鼻を温める。

けがの応急手当

けがをしたときは、まず応急手当をするのが基本。その後、症状を確認し、必要なら病院へ行きましょう。

けがの種類に合わせて正しくケアしよう

けがをしたときは、正しい応急手当が大切です。ちょっとしたけがなら、セルフケアだけでも大丈夫。出血がひどかったり痛みが強かったりする場合は、病院で治療を受けましょう。

切り傷やすり傷は、傷口を清潔にすることが基本。傷口を流水でよく洗い、必要に応じてばんそうこうなどを貼っておきます。大きな傷で出血が多い場合は、まず止血をしてから病院へ。傷がそれほど大きくなくても、泥やさびなどがたくさんついたもので傷つけたときや、傷口に異物が残っているときは病院へ行ったほうが安心です。

やけどをしたときは、とにかく冷やすこと。服の上からやけどした場合は、服の上から水をかけて冷やします。打撲やねんざも、患部を冷やして。はれや痛みがひどい場合は早めに受診しましょう。

応急手当の基本

鼻血

座った姿勢であごを引き、鼻の付け根のあたりを指で強めに押さえる。

切り傷・すり傷

1. 流水で傷口の中までよく洗う。
2. 傷ばんそうこうやガーゼなどで傷口を保護する。

◆出血が多いとき

傷口に清潔なガーゼやタオルを当て、上から強く押して止血する。

病院へ行ったほうがよいとき

- 大きな傷や深い傷
- 傷口に異物が残っている
- 不潔なものでけがをしたとき

やけど

1 患部に流水を10分以上かけて冷やす。

2 水ぶくれができても、つぶさない。
清潔なガーゼなどで軽く覆って、病院へ。

◆服の上からやけどしたときは
服を脱がず、服の上から冷やす。

◆水をかけにくい場所をやけどしたときは
頭や背中、おなかなど水をかけにくい場所の場合は、水でぬらしたタオルを当てて冷やす。タオルはこまめにとりかえる。

病院へ行ったほうがよいとき
- 広い範囲をやけどした
- 水ぶくれができた
- 皮膚が白または黒っぽく変色した
- 顔など目立つところをやけどした

ぎっくり腰

1 いちばん痛みが少ない姿勢で横になる。

2 ぬれタオルや冷湿布を当て、痛む部分を冷やす。早めに病院へ。

打撲・ねんざ

1 流水やぬれタオルなどで患部を冷やす。
もんだり無理に動かしたりしない。

2 動かしたとき痛くないように包帯で固定する。

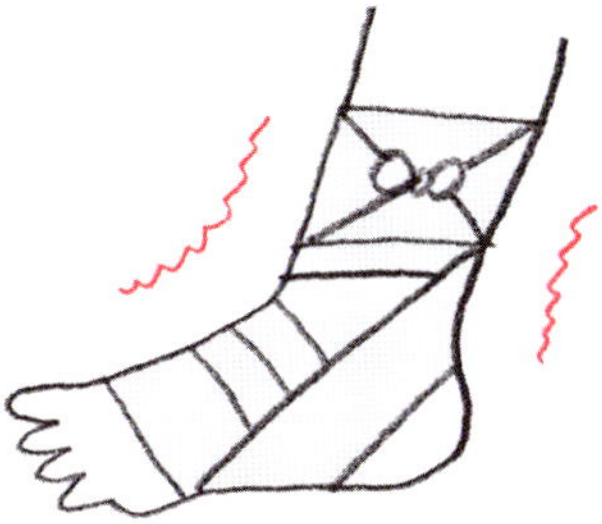

病院へ行ったほうがよいとき
- はれや痛みがひどい
- 患部が不自然に曲がっている
- 内出血している

地震に備える

大きな地震が起こったときは、自分の身を守ると同時に
二次災害を防ぐ努力もしなければなりません。

地震のときにするべきことは何？

地震が多い日本では、いつ大地震が起こるかわかりません。万が一の場合に備えて非常用の持ち出し袋を用意し、実際に災害が起こったときに自分がするべきことを頭の中でシミュレーションしておきましょう。

地震のときに最優先するのは、自分の身を守ること。突然大きな揺れがきたときは、頑丈なテーブルなどの下にもぐり、できればクッションなどで頭を守ります。大きな揺れがおさまったら、家中の火を消し、建物が傾いてゆがんだときに備えてドアや窓を開け、逃げ道を確保します。火事などの二次災害を防ぐため、避難する前にガスの元栓を締め、電気のブレーカーを落とします。建物から出るときは、動いていてもエレベーターを使ってはダメ。車や自転車にも乗らず、徒歩で最寄の一時避難場所へ向かいましょう。

非常用持ち出し袋にいれるものは？

いざというときにすぐに取り出せる場所に置いておこう。

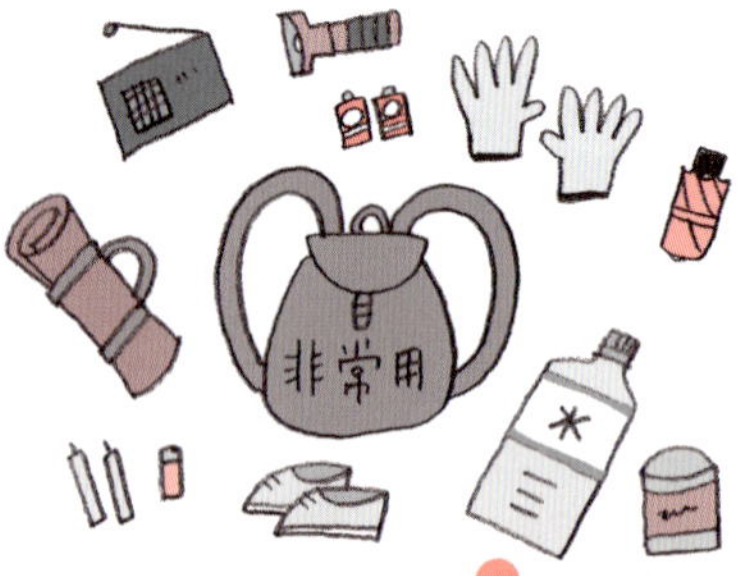

- □ 飲料水 ― 大人ひとりに必要な水の目安は、1日に3リットル。
- □ 食品 ― 調理しないで食べられるものがよい。
- □ 携帯ラジオ
- □ 懐中電灯
- □ 電池 ― ラジオや懐中電灯に使えるもの。予備も用意しておく。
- □ ろうそく ― 電気がストップしたときのために。
- □ ライター ― ろうそくに火をつけるために必要。
- □ 軍手 ― 被災後の片付け等の作業をするときにあると便利。
- □ 靴 ― はだしやスリッパ履きで避難してきたときのために用意しておく。
- □ 衣類
- □ 毛布
- □ 雨具
- □ ティッシュペーパー
- □ 生理用品

※可能なら、預金通帳や印鑑などの貴重品も持って避難する。

避難するときは…

- 荷物を背負って両手をあけ、徒歩で一時避難場所へ。
- 建物や塀などがくずれることがあるので、道の端を歩かない。
- 海に近い場所では津波の危険があるので、高台へ避難する。

地震にそなえてしておきたいことは？

家具の配置や非難場所を確認しておこう。

重いものは低いところに

高い棚の上などに重いものを置くと、地震のときに落ちて危険。

玄関に背の高い家具はＮＧ

揺れたときに倒れ、出口をふさいでしまうことがある。

消火器の場所を確認しておく

マンションやアパートの場合、消火器はフロアごとに用意されている場合がほとんど。設置場所を確認しておく。

非常口をチェック

非常口の場所はもちろん、ドアがスムーズに開くか、非常階段にじゃまなものが置かれていないかなども確かめておく。

一時避難場所を確認

自宅近くの一時避難場所がどこにあるかを調べておく。

背の高い家具は固定する

背の高い家具は、転倒防止金具などで固定しておくのが理想。ただし、壁にねじ穴などをあけることになるので、事前に家主さんに相談を。

家族への連絡は…

災害の後は、電話が通じにくくなるもの。電話会社の「災害用伝言板サービス」などを利用するのがおすすめです。家族とは、災害時にはこうしたサービスを通じて連絡を取り合うことを確認し合っておきましょう。

火事に備える

普段の生活で何気なくしていることが火事の原因に!?
自分の生活習慣を見直してみて！

日ごろから火事を出さないように注意を

火事も身近なところで起こる可能性がある災害のひとつです。火事のこわさは、延焼によって被害が大きくなってしまうこと。地震の二次災害やほかの部屋・建物からの延焼によって起こる場合は避けることができませんが、自分の部屋から火事を出さないように気をつけることはできるはず。ちょっとした不注意が火事の原因になることも多いので、日ごろからしっかり注意しましょう。

小さな火であれば消火器や水で消すことができますが、火が天井まで回っているようなときは消火をあきらめ、すぐに避難します。煙を吸い込むと危険なので、できればぬれタオルなどで鼻と口を覆い、姿勢を低くしてドアへ向かいます。外に出たら、ドアをしっかり閉めて。室内に入る空気を減らすことで、火の勢いを弱めるのに役立ちます。

いざというときのために！

小さな火が対処の仕方によって大きな家事になってしまこともあるので注意！

油が燃えたとき

1 ガスの元栓を閉める。

2 ぬらしたシーツやタオルを鍋にかぶせる。

カーテンが燃えたとき

レールから引きちぎり、
足で踏んだり
水をかけたりする。

消化器の使い方

1 安全ピンを引き抜く。

2 ホースの先端を持ち、火元に向ける。

3 レバーを強く握る。

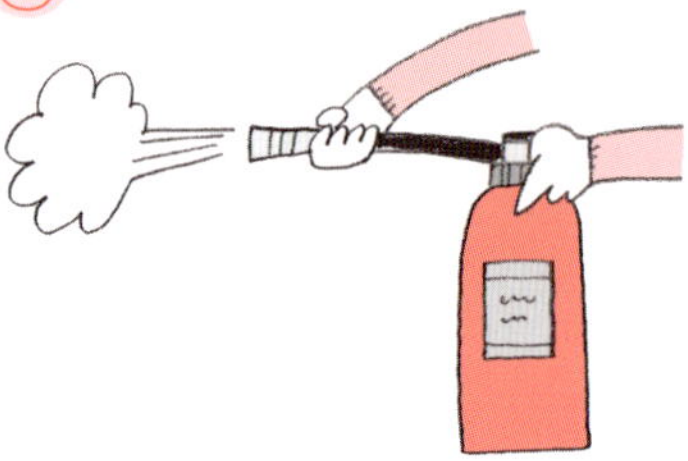

火事の危険ポイント＆注意点

ちょっとしたことが火事の原因になることも。自分の部屋を見直してみよう。

危 暖房器具

カーテンやふとんの近くに暖房器具を置かない。

危 タバコ

吸い終えたら、完全に火を消す。できれば灰皿に水を入れておこう。

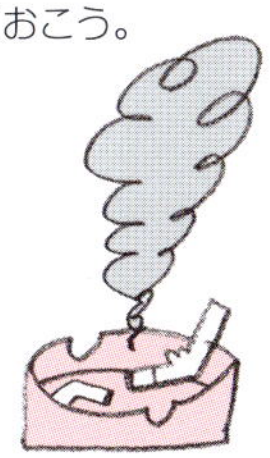

危 コンセント

差込口にほこりがたまると、発火の原因になることがある。こまめに掃除を。

危 コード類

束ねた状態で使うと熱がたまって高温になるので危険。

危 揚げものの鍋

揚げものをしているとき、油に引火することがある。調理の途中でそばを離れてはダメ。

注 避難ハッチの上にものを置かない

マンションではベランダに避難用ハッチが設置されていることがある。いざというときスムーズに使えるよう、上にものを置かないようにする。

注 仕切り板の前にものを置かない

隣の部屋との間の仕切り板は、災害時の避難路を確保するために、たいていの場合強く押せば外れるようになっている。前にものがあると、外れにくかったり通り抜けられなかったりするので注意。

暮らしのトラブルの対処法

生活に必要なものの調子が悪くなると、驚くほど不便なことも。
ちょっとしたことには自分で対処できるようにしておきましょう。

ちょっとした故障や補修は自力で！

ひとり暮らしには、いろいろなトラブルがつきものです。家族と暮らしているときはだれかがしてくれていたことも、すべて自分でしなければならないのが、ひとり暮らし。蛍光灯の交換といった簡単なことも、初めてのときは難しく感じるかもしれません。

　電化製品の故障や工事が必要な室内の修繕はプロに頼まなければなりませんが、ちょっとした不調や故障なら自分で解決できることも多いもの。自分ですることは、時間とお金の節約にもつながります。基本的な手順とコツを覚えて、できそうなことから挑戦してみましょう。

　また、今住んでいる部屋を出るときに修理が必要な傷などがあると、修理代を敷金から引かれてしまいます。敷金をきっちりとり戻すためにも、簡単な補修の方法などを知っておくと役立ちます。

困ったときの解消法

蛍光灯が暗い！

1 照明器具のカバーを外す。

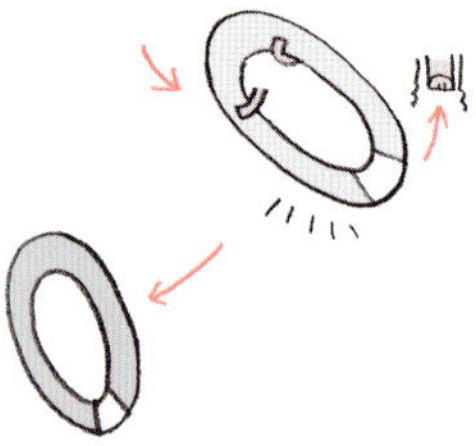

丸型の場合

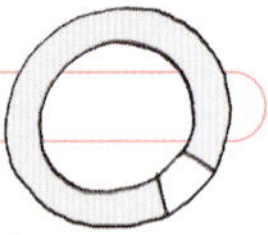

2 蛍光灯の口金をランプソケットから外し、ランプホルダーからも外す。

3 新しい蛍光灯をランプホルダーに引っ掛け、口金をランプソケットに差し込む。

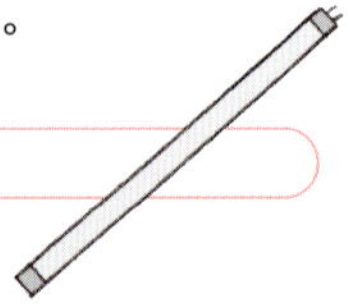

直管型の場合

2 蛍光灯を両手で持ち、ゆっくりと90度回転させる。ソケットの溝に蛍光灯の口金を合わせ、軽く引いて取り外す。

3 蛍光灯の口金をソケットの溝にあわせてさしこみ、ゆっくりと90度回転させる。

電球が切れた！

1 照明器具のカバーを外す。

2 電球を回してソケットから外し、新しい電球を取り付ける。

※電球や蛍光灯は、照明器具に書いてあるワット数に合ったものを用意する。
※必ず電源を切り、電球や蛍光灯が熱くないことを確認してから作業する。

ブレーカーが落ちた！

1 使っていた電化製品の電源をオフにする。

2 ブレーカーを上げる。

ブレーカーにはぬれた手でさわらない！

頻繁にブレーカーが落ちるようであれば、電力会社に契約アンペアを相談する。

ゴキブリが出た！

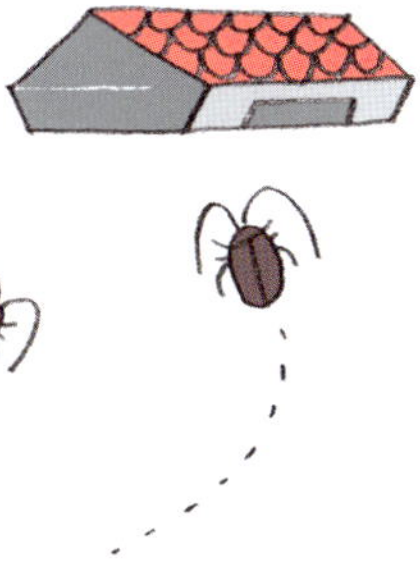

1 殺虫剤をかける。
殺虫剤がないときは、住居用洗剤などをかけると動かなくなることも。

2 置くタイプのゴキブリ用殺虫剤を置く。

できれば、部屋を決め、引越す前にくん煙剤をたくとよい。

鍵をなくした！

昼間の場合

1 管理している不動産会社が近い場合は、不動産会社に連絡して開けてもらう。

2 事情を話し、早めに鍵をとりかえる。

夜の場合

1 鍵の紛失に対応してくれる専門業者に連絡し、開けてもらう。
その部屋の住人であることが確認できる身分証明書などが必要。

2 翌日、部屋を管理している不動産会社に連絡して事情を話し、早めに鍵をとりかえる。

トイレの水洗タンクのしくみ

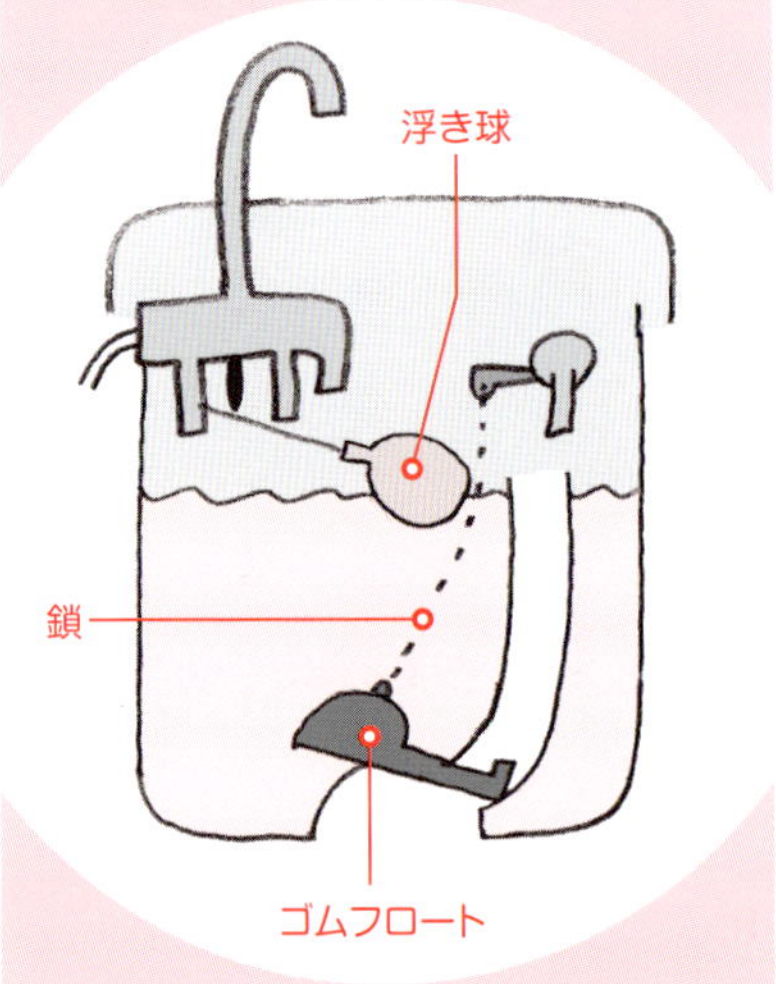

トイレがつまった!

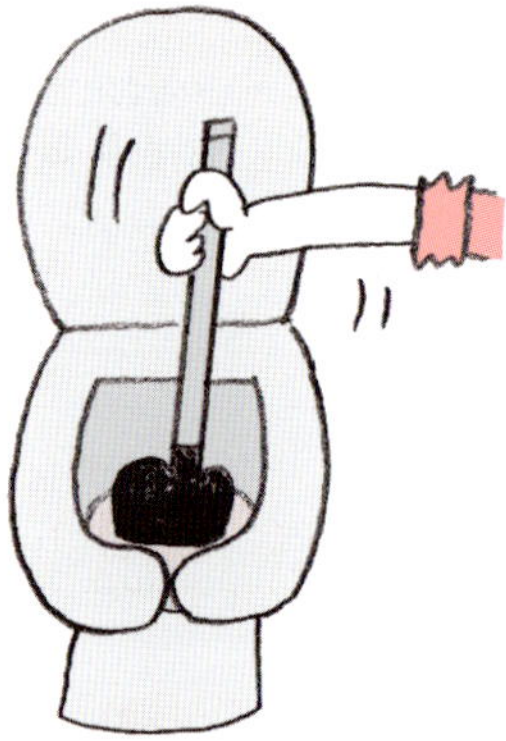

1. トイレ用吸引カップを、便器の水がたまっている部分に当てる。
2. 持ち手を持ってゆっくりと押し、勢いよく引く。

トイレが流れない!

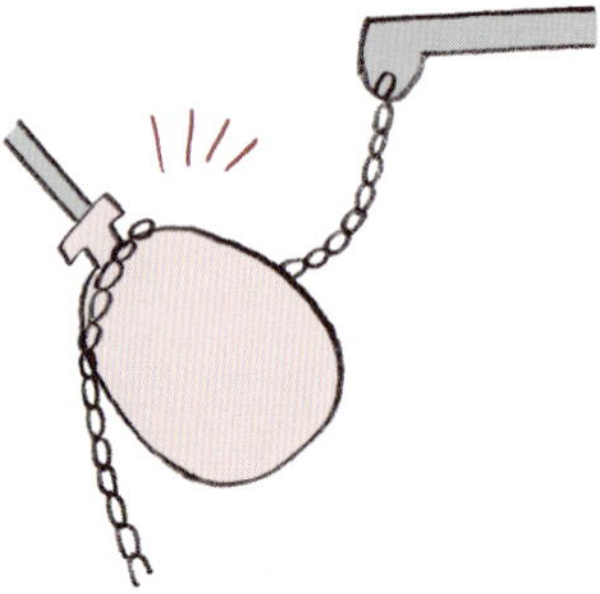

1. タンクを開け、浮き球（タンク内にあるプラスチック製のボール状のもの）の状態を確認。鎖などにひっかかっていたら取り外す。
2. 鎖の状態を確認。切れている場合は、ひもやワイヤーなどでつなぐ。翌日以降、新しい鎖に交換を。

トイレの水が止まらない!

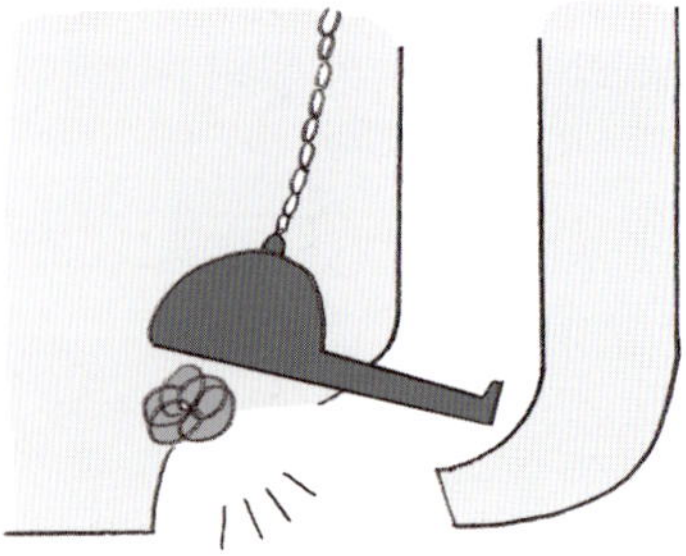

1. 鎖の状態を確認。何かにからまっていたりしたらほどく。
2. ゴムフロートの状態を確認。ごみなどがはさまってきちんとしまっていない場合は、つまったものを取り除く。

玄関ドアの開閉が早い&遅い

ドアの上についているドアクローザーの側面についている調節ねじ（2〜3個ある）を回す。時計回りに回すと遅く、反時計回りに回すと速くなる。

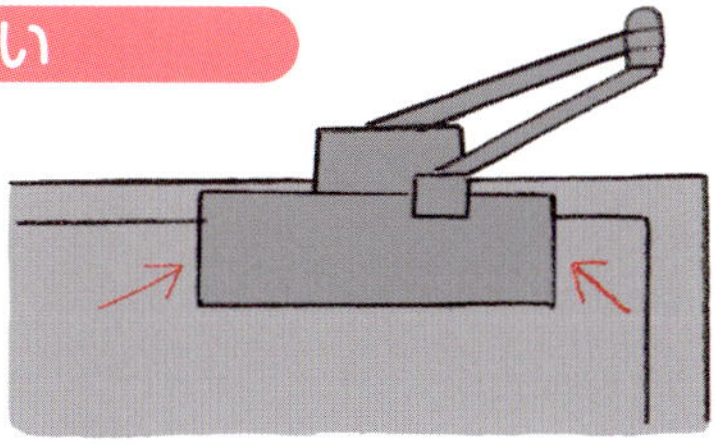

簡単にできる室内の補修

床や壁のちょっとした傷や穴は、市販の補修剤などで直すこともできる。

床に傷をつけちゃった！

用意するもの □ロウタイプの市販の補修剤　□ドライヤー　□布（汚れてもよいもの）

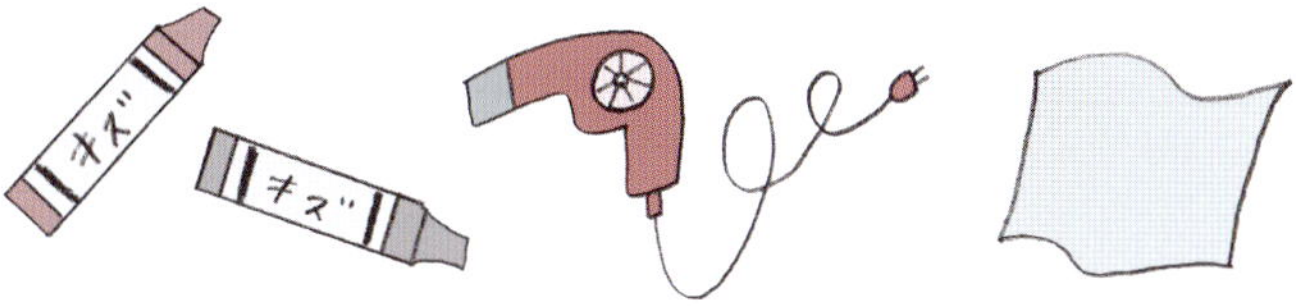

1 床に近い色の補修剤を選び、ドライヤーの温風を当ててやわらかくする。

2 傷の部分に補修剤をすりこむ。少し盛り上がるぐらいにたっぷりと。

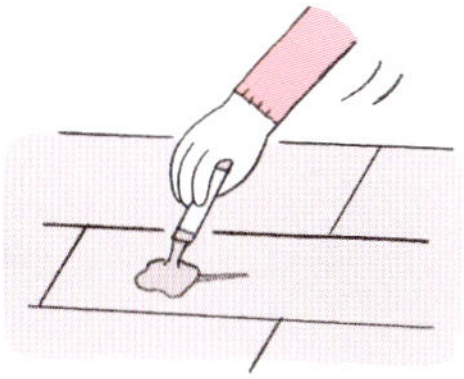

3 はみ出した補修剤をヘラで取る。

4 もう一度ドライヤーの温風を当て、周囲にはみ出した補修剤を布でふき取る。

壁紙についた画鋲の穴が気になる！

用意するもの □市販の穴埋め剤

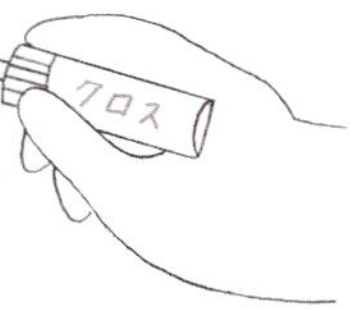

クロスの色に近い穴埋め剤を選び、穴に詰める。

［デザイン］オン・グラフィクス+神田友美
［カバー・本文イラスト］オカモトオモコ
［間取り図作成］結城繁
［執筆協力］野口久美子（Gowing!）
［編集協力］株式会社 童夢

取材協力
株式会社リベスト（www.libest.co.jp）
全国クリーニング生活衛生同業組合連合会

はじめてのひとり暮らし 完全ガイド

2019年4月3日　発行

［編　者］　大泉書店編集部
［発行者］　佐藤龍夫
［発行所］　株式会社大泉書店
〒162-0805 東京都新宿区矢来町27
電話　03-3260-4001（代）
FAX　03-3260-4074
振替　00140-7-1742
［印刷・製本］　錦明印刷株式会社

URL http://www.oizumishoten.co.jp
ISBN 978-4-278-03323-6　C0077　A10